海の東南アジア史

——港市・女性・外来者

弘末雅士
Hirosue Masashi

ちくま新書

1653

海の東南アジア史

——港市・女性・外来者

【目次】

はじめに　009
東西世界をつなぐ海の東南アジア／近現代東南アジアを形成した人々

第一章　近世東南アジアの港市――多様なネットワーク　015

1　東南アジアの自然環境と人々　016
地形と生態環境／言語と住民／小人口と社会形成

2　東西海洋交易活動と多様な来訪者　027
港市国家の台頭／「交易の時代」の東南アジア／コスモポリスの港市

3　港市の社会統合と王権の強化　038
イスラムの受容／上座部仏教と外来者／広域世界秩序の媒介役

4　東南アジアの「人喰い」風聞と地域秩序　045
東南アジアの入口における「奇習」／北スマトラの食人風聞／南シナ海の食人風聞と屍頭蛮／
マルク諸島の食人風聞と女性

第二章　外来者と現地人女性　055
1　東南アジアの女性と商業活動　056
市場と女性／王国の経済活動と女性／ポルトガルの来航とムラカ王国／王国の滅亡と美女トゥン・ファティマ
2　外来商人と現地人女性　067
外来者と現地人女性との結婚／一時妻の周縁化／外来者と奴隷
3　近世東南アジアにおける日本人の活動　077
奴隷と傭兵／朱印船貿易と東南アジアの権力者／山田長政とアユタヤ王プラサートーン／日本人の活動と東南アジアの社会統合／バタヴィアの日本人女性
4　植民地支配者と現地人女性　092
オランダとマタラム王家／ジャワの社会統合と女性／オランダ人と元パジャジャラン王女の女奴隷
第三章　近世後期の東南アジア社会——現地人首長とヨーロッパ勢力　105

1　清朝の隆盛と東南アジアの経済活動の活性化　106
東南アジア大陸部の王朝の交代／島嶼部東南アジア社会の動向／イギリスの海峡植民地形成／王国の統合と宮廷文化の成熟／ムスリム支配者とアラブ人宗教家
2　社会統合と女性　119
近世後期の宮廷女性／華人とニャイ／バタヴィアの社会統合とニャイ／近世後期の食人の語りと女性
3　海峡植民地と海賊　132
ラッフルズの自由主義プロジェクト／シンガポール建設／シンガポールの発展と海賊／現地人支配者への協力依頼
4　植民地支配と現地人有力者　142
ラッフルズのジャワ統治／ジャワ戦争と強制栽培制度の導入／強制栽培制度と現地人首長／東インドのヨーロッパ人

第四章　植民地支配の拡大と外来系住民　155

1　東南アジアにおける植民地勢力の拡大　157

島嶼部における植民地支配の拡大／英領マラヤ・北ボルネオの形成／スペイン領フィリピン／ビルマの植民地化／フランス領インドシナの成立とシャム

2　植民地体制下の東南アジア社会の変容　168

植民地体制下の統治制度／輸出用第一次産品の開発／英領マラヤの鉱山企業と大陸部の米のプランテーション／交通通信手段の発展／学校制度の拡充

3　植民地支配体制の確立と仲介役の変容　181

スペイン系メスティーソの在俗司祭の活動／プロパガンダ運動とフィリピン民族主義／フィリピン革命

4　東インドのユーラシアンとニャイ　191

植民地体制下のヨーロッパ系住民／「白人」の文明の使徒意識とニャイ／ユーラシアンの描くニャイ／ユーラシアンの運動

第五章　新たな内と外の構築と国民国家　205

1　植民地体制下における諸集団の統合と分化　206

イスラム同盟と東インド党／ムスリムvs.ニャイ・ユーラシアン／社会主義とイスラム／インド

ネシア共産党の成立とヨーロッパ系住民の離脱／社会主義思想とニャイ／社会主義と東南アジアの民族主義運動

2 原住民と非原住民との結婚 223
一九三〇年代の東南アジアの民族主義運動／東インドにおける「混淆婚」の増加／インドネシア民族意識と母親像／新婚姻法案／ミアイ（インドネシア・イスラム会議）の結成

3 日本占領期東南アジアの社会変容 237
日本の東南アジア占領／大衆動員と東南アジア社会の変容／日本軍政と独立運動

4 国民統合への道程 246
インドネシアの独立／インドネシアの国民統合／開発独裁体制と家族像／開発独裁後の諸勢力の分立と仲介役

おわりに 259
あとがき 263
参考文献 i

はじめに

†東西世界をつなぐ海の東南アジア

アジアの歴史を考える際、前近代と近現代を統合的にとらえるのは、案外難しい。近代になると、交通通信手段の発展とともに、世界経済の影響が各地域に強く及ぶ。また新たに導入された学校制度や官僚制度は、従来の社会秩序を変容させた。このためわれわれは、ともすれば前近代と近代を峻別しがちになる。またその変化の要因として、外からの影響を重視してしまう。

こうした前近代と近代、内と外をそれぞれ連関させて、理解できないものだろうか。外来者と接触しながら、前近代から近代への移行期を生きた現地の人々もいたはずである。東西海洋交易路の要衝に位置した東南アジアには、他地域との交流を進展させる一環として、前近代から二〇世紀前半まで、外来者が滞在中に現地人女性と生活を共にする慣行が存在した。それは元来、社会が認める婚姻の一形態であった。彼女らとその子孫は、外部

図0－1　19世紀後半のバタヴィアの乗合馬車の乗客
出典：Abeyasekere, 1987

世界と現地社会を結びつけつつ、時代に対応する興味深い題材を提供してくれる。

東南アジアは、熱帯気候のもたらす豊かな産物を有し、インド洋とシナ海さらに太平洋をつなぐ。この地域には、古くから他地域の商人や旅行者、宗教家らが来航した。東南アジアの港町（以下港市《こうし》と表現）は、外来者に広く門戸を開き、多様な人々を受け入れるシステムを構築してきた。たとえば通訳の手配や居住地の割り当て、市場への商品搬入の仲介などがそれである。また一九世紀の終わりまで、来訪者の多くは男性単身者であった。地域の有力者は、外来者の活動の便宜をはかるため、彼らに現地人女性との一時結婚を推奨した。こうして外来者の多くが、東南アジアで家族形成し、東南アジアの港市は、多様な出身地の人々やその子孫を抱えるコスモポリスとなった（Reid 1993: 62-131、弘末二〇〇四：二四—三五）。のちに植民地支配を展開するヨーロッパ人も、こうしたシステムに支えられて東南アジアに参入した。

他方、他地域からの来訪者は、東南アジアに未知の病気や武器を持ち込み、混乱を引き起こすこともある。また現地の支配者の側にも、権力基盤を保持するため、外来者に立ち入らせたくない領域があった。多様な人々が到来したこの地域は、外来者を受け入れつつ、確執が生じにくいように社会形成する必要があった。

本書は、外来者と接触した存在（現地人女性、ユーラシアン、現地生まれの華人）をとおして、東南アジア海域世界の社会統合がいかに進展したかを検討する。ユーラシアンとは、アジア人とヨーロッパ人との間の子孫のことである。現地人女性とヨーロッパ人男性の間に生まれたユーラシアンは、ヨーロッパ本国と東南アジアをつなぐ上で欠かせぬ存在となり、また現地生まれの華人は、中国さらには外来者と現地社会を経済的に橋渡しする役割を担った。彼らは、現地勢力と協働しつつ、都市間にネットワークを形成した。こうした存在に支えられてヨーロッパ勢力は、東南アジアで植民地支配を進展させた。

†近現代東南アジアを形成した人々

一方、一九世紀後半から、交通・通信手段の発達によって、世界経済の動向が、東南アジアにも強く影響し始めた。植民地宗主国は、支配領域を拡大し、東南アジアを鉱産物や農産物の輸出用第一次産品の生産地として、また商品市場として開発した。同時に植民地宗主国の意向が植民地に強く及びだし、現地権力者の影響力は後退を余儀なくされた。またヨーロッパから多数の人々が来航し始めると、白人の優越を主張する人種主義の影響が植民地に及び、現地の妻やユーラシアンは社会で周縁化し始めた（ストーラー二〇一〇）。

こうした動向に、ユーラシアンや華人系住民さらに現地人有識者は、敏感に反応した。植民地勢力と比較的長く交流してきたフィリピンや東インド（インドネシア）のユーラシアン（フィリピンでは「スペイン系メスティーソ」と呼ばれる）の間では、本国出身者に対抗する活動が生じ、彼らの間で「フィリピン人」や「東インド人」の意識が形成され始める。本書の後半の第四章・第五章は、ユーラシアンがいかなる人間観をもとにこうした意識を形成し、現地住民といかに連携したかを検討する。こうした内と外の紐帯《ちゅうたい》役の動向は、その後の民族主義運動の展開に少なからぬ影響を及ぼしたように思われる。

本書は、東南アジアで交易活動が活性化し、東西世界から多数の来訪者がこの地域を訪れた近世の一五～一九世紀前半、さらに植民地社会が成立し国民国家形成運動が展開する近現代（一九世紀後半～）を対象とする。ヨーロッパ人コミュニティが形成され、華人の数が増加するのも、近世からである。東南アジアにおいて女性は、そのような外来者と家族形成するとともに、商業活動において重要な役割を担った。また来訪者のなかには、女奴隷との同居を選ぶ者もいた。ともすればわれわれは奴隷の存在を軽視しがちであるが、奴隷は東南アジアにおいて、一九世紀中葉まで社会統合に欠かせぬ存在であった。

奴隷はその後、植民地体制下で、また独立を保ったタイでも二〇世紀初めに、廃絶された。また国民国家の成立とともに、現地人女性の外来者との一時結婚の慣習も負の遺産とされた。さらに外来系住民は、出身地か現地かと国籍の選択を迫られた。なお、こうした現地人女性やその子孫の外来系住民は今日、社会の表舞台から後退している。そのため、彼らをとおして前近代から近現代に至る変化を通時的に把握する試みは、あまりなされていない。しかし彼らは、前近代社会を支えつつ、近代を導いた存在であった。

国家間の垣根が高くなり、同じ国民のなかでも異なるエスニシティや宗教間の確執が表面化している今日、こうした異なる集団の間を仲介した存在に光をあてることは、国民国家形成の背景やその後の動向を理解する上で重要となる。本書は、これらの仲介者をめぐる資料が比較的多く存在する、インドネシアを中心に取り上げる。

また東南アジアは、日本とも少なからぬ交流を重ねてきた。近世には各地に日本町が形成され、多量の産品を買い付ける朱印船の来航は、東南アジア社会に少なからぬ影響を与えた（岩生一九七四：二一三―二六九、永積洋子二〇〇一）。また第二次世界大戦中に日本は、重要資源の獲得をもくろんでこの地域を軍事占領した。日本の占領統治は、現地住民の広範な協力を必要とし、社会の末端にまで変化を及ぼした。その後の東南アジアの国民統合を考える上でも、日本占領期を理解することは重要になる。本書でも、近世の日本人の活動と日本占領期を扱う。

第一章

近世東南アジアの港市

——多様なネットワーク

東南アジアでは、その地勢と生態環境が手伝って、古くから海洋交易が盛んであった。とりわけ香辛料需要の高まった近世には、東西世界の人々が多数来航し、地域の産品を輸出する港市が各地に台頭した。こうした港市は、多様な外来者を抱えるコスモポリスとなったが、他方で外来者を遠ざけようとする産地空間も出現させた。外来者と現地住民を仲介する存在が、重要な役割を担うこととなった。この章では、前半で東南アジアの諸港市が台頭する過程をみつつ、後半でそうした仲介役をとおして、広域ネットワークと地域秩序が形成されたことを検討したい。

1 東南アジアの自然環境と人々

†地形と生態環境

東南アジアは、ユーラシア大陸の東南部の先端に位置する大陸部とそれを囲む海域に存在する島嶼《とうしょ》部よりなる。現在この地域には、ベトナム社会主義共和国、ラオス人民民主共和国、カンボジア王国、タイ王国、ミャンマー連邦共和国、マレーシア、シンガポール共和国、フィリピン共和国、ブルネイ＝ダルサラーム国、インドネシア共和国、東ティモール民主共和国の一一カ国が存在する。総面積は、日本のおよそ一一倍強の約四四七万平方キロメートルに及ぶ。ラオスを除けば、いずれの国も海に面している。

日本の南西に位置するこの地域を「東南アジア」と呼ぶのは、中央アジアをアジアの中心とする世界観からである。「東南アジア」が国際関係用語となったのは、第二次世界大戦中の一九四三年にインドと中国の間の日本の占領地域を、連合国が失地回復するために設けた「東南アジア司令部」に始まり、戦後にこの「東南アジア」の名称が一般化したのである。

なお第二次世界大戦以前に日本人や中国人は、この地域を「南洋」と呼び、また西アジアや南アジアの人々は、五～一〇月の南東モンスーンを利用してこの地域に赴いたため、東南アジアを「風下《かざしも》の地」と呼んでいた。ベトナムやラオスそしてミャンマーは陸路で中国と繋がり、ミャンマーはインドやバングラデシュとも国境を接するが、これらの呼称は周辺アジアの人々の多くが、海を介して東南アジアと交流を持ったことを語っている。

東南アジアは、ほとんどの地域が熱帯に位置する。大別すると、ボルネオ（カリマンタン）島・スマトラ島・マレー半島南部が、顕著な乾季を持たず年間を通して降雨がある熱帯雨林気候に属し、他の大部分の地域が、乾季と雨期の交替する熱帯モンスーン気候に属する。なお、大陸部のミャンマーの北部地域やタイの北部とラオスの山岳地域、北部ベト

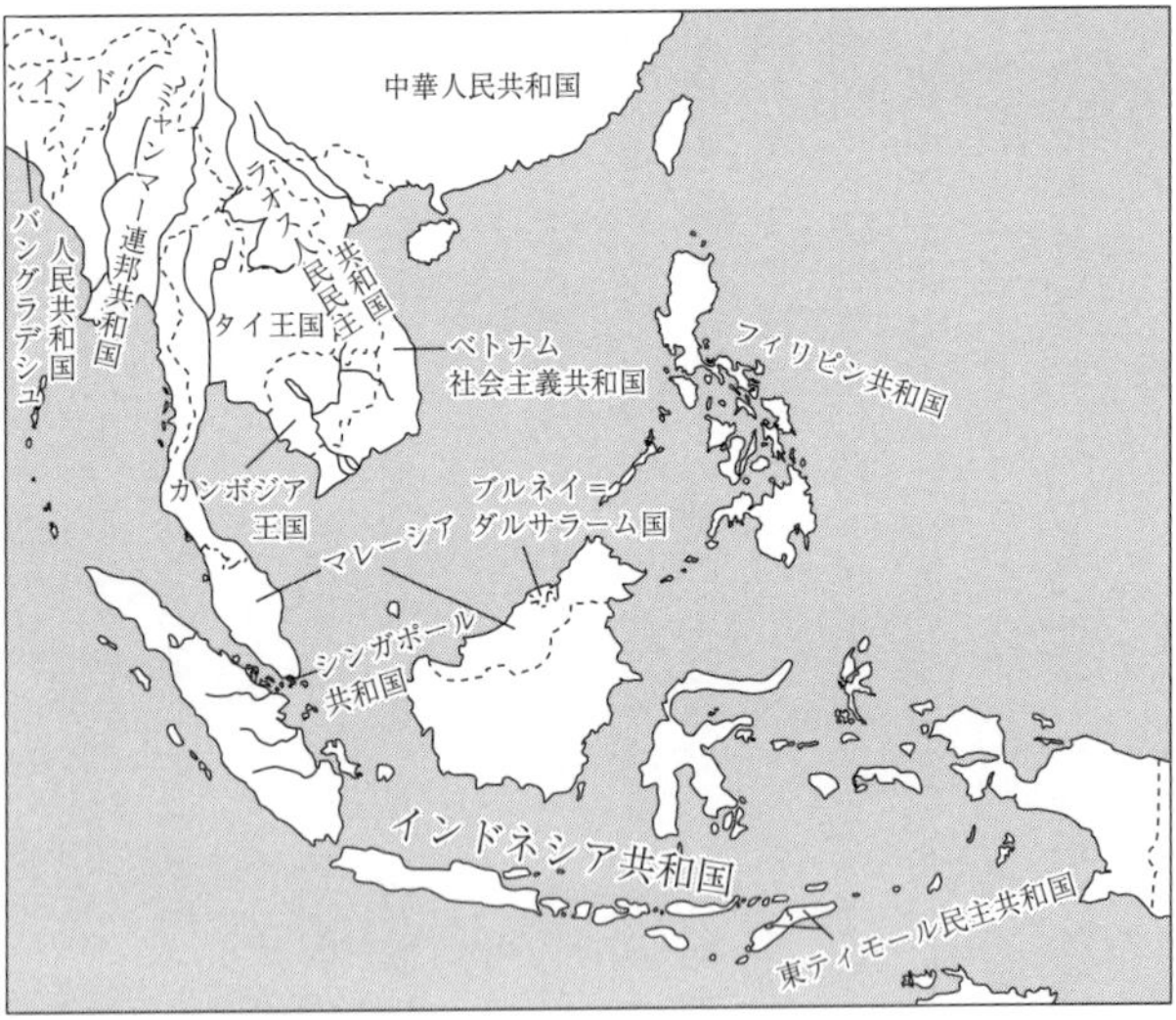

図1－1　現在の東南アジア

ナムは、亜熱帯モンスーン気候となる。これらのような気候条件は、東南アジアを豊かな森林・農産物の産地にした。

大陸部には、インドとの境界をなすナガ丘陵とアラカン山脈、雲南高原から続くシャン高原それに連なるテナセリム山脈、さらにインドシナ半島東端のチュオンソン（アンナン）山脈など、山脈・高原がチベット高原から枝分かれして放射状に走る。これらの山脈の間をエーヤーワディ（イラワディ）川、サルウィン川、チャオプラヤー川、メコン川、紅河《ホンハ》などの大河が流れる。これらの大河の中・下流域には沖積《ちゅうせき》平野が形成され、とくに下流部には巨大デルタが広がる。今日《こんにち》下流部は、水稲《すいとう》耕作の中心地となっている。ただし、これらの巨大デルタも、早くから開発の進んだ紅河デルタを除けば、開発が本格化したのは一九世紀後半からであった。それ以前の水稲耕作の中心は、洪水を起こしがちな下流部ではなく、中流域の平地や上流部の盆地にあった。またいま述べた山脈や高原には、焼畑移動耕作を基盤とする山地民が居住する。山岳部は、東西世界で香木として尊ばれた沈香《じんこう》、その木の樹脂を燃やすと芳香を発する安息香《あんそくこう》、ジャコウ鹿から採取される麝香《じゃこう》（ムスク）、さらに漆《うるし》や鹿皮、蜜蜂の分泌した蠟《ろう》を固めた蜜蠟などの貴重な森林生産物を産した。また鉱物資源にも恵まれ、マレー半島で錫《すず》、ラオスで金、ビルマで翡《ひ》翠《すい》などを産した。

　島嶼部においても、スマトラ島からジャワ島さらに小スンダ列島へ、またフィリピン諸島からパプアニューギニアにかけて山脈が走る。さらにボルネオ島にはカプアス山脈やイラン山脈が連なる。島嶼部では火山帯が走り、噴火や地震がしばしば起きるが、金や鉄、亜鉛などの豊かな鉱物資源も産した。大陸部に比べ河川は短小となるが、上流部の盆地や中流域の平野で稲作が、山岳部で焼畑移動耕作が行われたことは、大陸部と同様である。なお、ジャワ島中東部では近世以降、上流部や中流部とともに下流の平野部でも水田耕作が進展した。

一方島嶼部の山岳部では、沈香や安息香、龍脳樹《りゅうのうじゅ》の樹心の中から採れる結晶の龍脳、籐、蜜蠟や象牙などの森林生産物を産出した。また東部インドネシアのマルク（モルッカ）諸島は、一八世紀終わりまでこの地域でしか産しないクローブ（丁子《ちょうじ》）やナツメグ（肉ずく）の産地であった。さらにティモール島とその周辺の島々は、一八世紀終わりまでこの地域でしか産しない香木として珍重された、白檀《びゃくだん》の産地であった。これらの産品は、古くから東西交易で高い関心を呼んだ。

なお大陸部と島嶼部の間のマラッカ海峡とその周辺に存在するリアウ・リンガ諸島やアナンバス諸島、マレー半島北部西海岸の島々には、近年まで海上民が存在した。彼らは船上で生活しつつ、漁業や海運業に従事した。前近代の時代、彼らは当該王国の海軍力となり、敵対する勢力から、しばしば「海賊」とみなされた。また東部インドネシアの島々やフィリピンのスールー諸島の沿岸部にも、移動性が高い海洋民が存在する。彼らも漁業や運送業に従事しつつ、王国の海軍力となった。こうした人々は、交易活動に欠かせぬ存在である。

†言語と住民

東南アジアの言語と住民は、地形や生態環境を反映して多様な分布を示しながら、地域ごとに大まかな区分が可能になる。言語的には大陸部と島嶼部で、大きく系統が分かれる。大陸部のビルマ人やタイ人の言語はシナ・チベット語族に属し、カンボジア人やベトナム人の言語はオーストロアジア語族に属する。一方、マレー半島南部を含め島嶼部のインドネシアさらにフィリピンに居住する人々の言語は、オーストロネシア語族に分類される。言語学的な系譜からすると、シナ・チベット語族やオーストロアジア語族は中国南部との関係が強く、オーストロネシア語族は、台湾や太平洋の島々やマダガスカル島と連関性を有する。なお中部ベトナム沿岸部のチャム人の言語は、オーストロネシア語族に属する。

このように島嶼部の言語はオーストロネシア語族に分類されるが、多くの島々を抱えるインドネシアには三〇〇余、フィリピンにも一〇〇前後の言語集団が存在する。諸言語間のコミュニケーションは容易でなく、前近代にはマレー語が商業共通語として用いられていた。現在ではそれぞれの国語のインドネシア語（マレー語）とフィリピン語（タガログ語）が、相互のコミュニケーションに活用されている。また沿岸部にマレー人が居住するマレーシアでも、マレー語が国語である。

大陸部ではシナ・チベット語族に一括されるビルマ語とタイ語は、前者がチベット・ビルマ語族で、後者がタイ・カダイ語族に分かれる。互いの言語ではコミュニケーションが難しい。オーストロアジア語族のカンボジア人の言語（クメール語）とベトナム語の場合も同様である。加えてビルマ、タイ、ベトナム、カンボジア、ラオスの平地民と山岳少数民族との間にも、言語的差異が存在する。ただし、これらの平地民と山地民との交流は、経済的に欠かせないものであり、またビルマ、タイ、カンボジア、ベトナムの間の交流も古くから存在した。ビルマ南部地域とタイを往来したモン人をはじめ、カンボジアとラオス間で交易していたマレー人や華人、さらにベトナム、カンボジア、ラオス間に介在した華人やチャム人などは、そうした交流を担った。

また周辺地域と緊密な関係を有した東南アジアの都市には、華人やインド人、アラブ人など多様な外来系住民のコミュニティが存在する。彼らのなかには、出身地と現地の言語を併用する者も少なくない。たとえば現在のシンガポールは、華人、マレー人、タミル人のコミュニティを抱え、英語、中国語、マレー語、タミル語を公用語としている。異なるコミュニティ間の意志疎通をするための言語は、英語となる。東南アジアでは、タイを除く地域がかつて欧米の植民地支配を受けたため、植民地宗主国の言語が当該国に与えた影響も少なくない。

いま述べたように少なからぬ周辺地域の人々が、東南アジアに到来した。その理由の一端としては、次に述べるように、この地域が貴重な産物を有しながら、人口過少地帯であったことがあげられる。

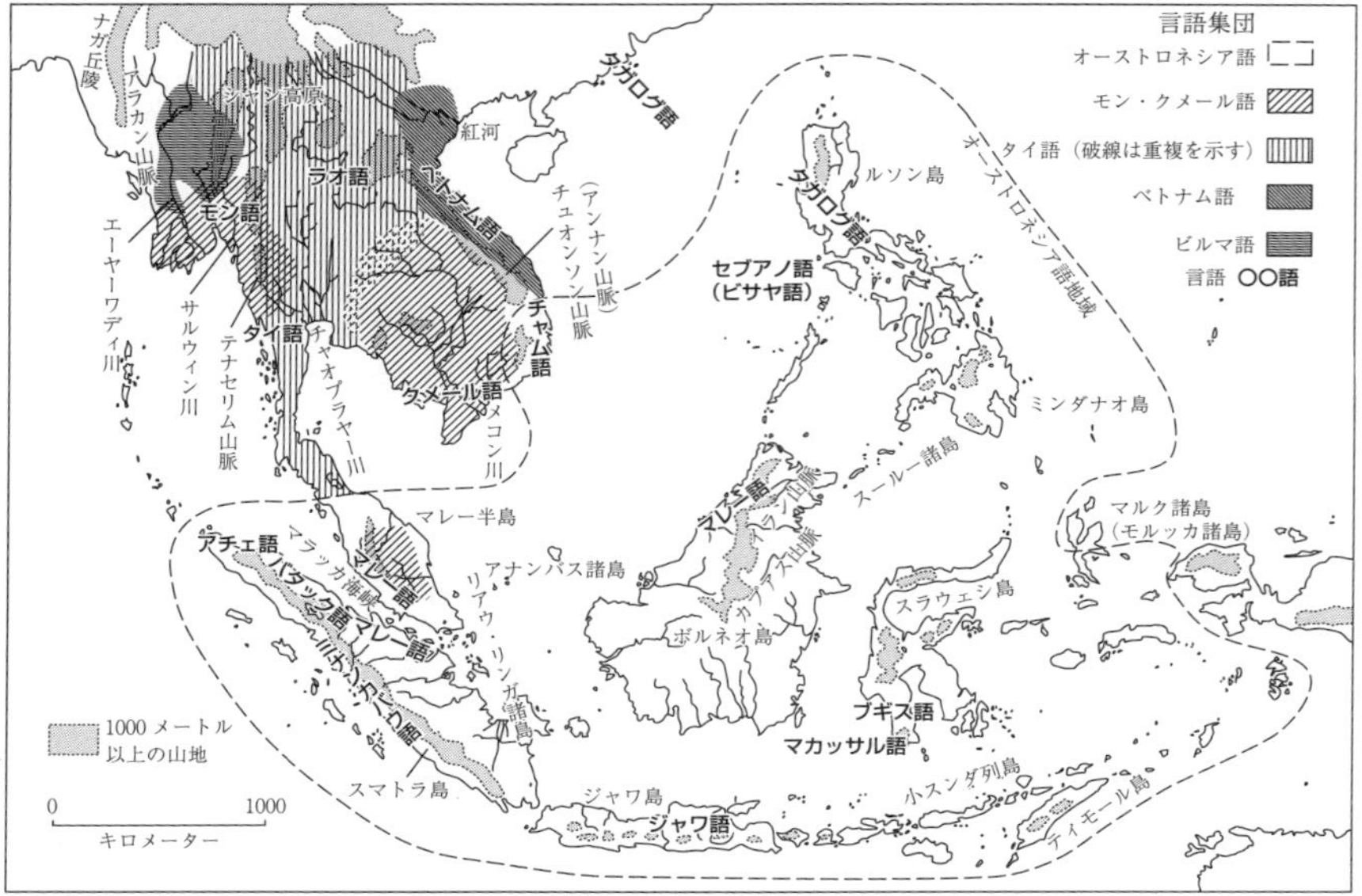

図１－２　東南アジアの地勢と言語集団

†小人口と社会形成

東南アジアは、一九世紀後半になるまで、人口過少地域であった。社会学者の坪内良博氏の研究によると、一六〇〇年当時の東南アジアの総人口は約二〇八〇万人と推定され(イリアンジャヤを除く)、一平方キロメートル当たりの人口は、五人程度に過ぎなかった(坪内良博一九八六：三)。この状態から、総人口は一七〇〇年に約二四〇〇万人、一八〇〇年に約三一五〇万人と徐々に増加するものの、一八五〇年でも約四二〇〇万人であったと推定される。一平方キロメートル当たりの人口は、一七〇〇年で六人、一八〇〇年で八人、一八五〇年で一〇人となる。大陸部と島嶼部の間に、大きな相違はない。ちなみに、南アジアでは一六〇〇年の一平方キロメートル当たりの人口は三一人、一七〇〇年で三八人、一八〇〇年で四四人を数え、中国の漢民族居住地域では、一六〇〇年の一平方キロメートル当たりの人口が三八人、一八〇〇年で八〇人と増加する。マラリアやデング熱などの風土病や他地域から持ち込まれた伝染病、さらには食糧事情などが、東南アジアの人口増加を困難にしたと推定されている。

東南アジアの人口が増加したのは、一九世紀後半以降のことである。近代における食糧生産の技術向上や衛生条件の改善、植民地体制の確立による戦乱の減少などが、それに寄与したとされる。人口は、一九〇〇年に約八三〇〇万人、一九五〇年に一億七七〇〇万人に達し、二〇〇七年では五億六〇〇〇万人余を数えている（『東南アジアを知る事典』二〇〇八）。

人口過少で未開墾地が周辺に存在していた前近代の東南アジアにおいて、土地を所有することは、人口密度が高かったベトナムの紅河デルタ地域や中東部ジャワなどを除き、あまり意味を持たなかった。権力者がその基盤を形成するためには、むしろ人的資源を有することが重要であった。影響力を行使できる人々がいれば、農産物の生産や、鉱産物や森林生産物の採集が可能になるからである。周辺地域からの移住者を権力者が受け入れたのも、こうした理由からであった。

小人口地域における権力関係は、きわめて緩やかなもので、権力者は人々に影響力を行使するために、彼らの要望に応えねばならなかった。つまり人々に安寧や利益をもたらす代わりに、労働力の提供や産物の搬出を求めることが可能になった。どんなことが権力者に求められたかというと、たとえば洪水や火山の噴火、地震などの自然災害や病気、戦災から、人々を守ることが求められた。そして人々からそうしたことをこなすカリスマ的力量や軍事的能力が評価されたとき、権力者は大きな影響力を行使することができた。なお東南アジアの人々が、複数のパトロンを有することは珍しくなかった。このため権力者の

図1－3　19世紀初頭のバタヴィアの奴隷市場
出典：Abeyasekere, 1987

地位は、きわめて流動的になった。王位継承に際して、しばしば複数の候補者が競合し、最も多くの支持者を獲得した者が王位に就くのが一般的であった。

また前近代の東南アジアには、奴隷と総称される隷属的存在がいた。他地域と同様に奴隷は、世襲や戦争捕虜、債務、裁判の判決などによるものである。人口の少ない前近代のこの地域において、賃労働者を見つけることは容易でなく、労働力として奴隷は重要であった。ただし、東南アジアの奴隷の境遇は他地域に比し、さほど過酷なものではなかった。酷使すると彼らはしばしば逃亡したが、周囲に森林が広がる東南アジアにおいては、逃亡者を探し出すことは困難であった。したがって、逃亡されないように奴隷を扱うことが求められた。また戦争の主目的も、奴隷を捕えてくることであった。多数の奴隷を有することは、権力を形成する上で欠かせなかった。

このように人々を引きつけ、奴隷を所有できる経済力を有するために、権力者は次に述べる交易活動にも積極的に関わっていった。

2 東西海洋交易活動と多様な来訪者

†港市国家の台頭

東西海洋交通路の要衝に位置した東南アジアは、古くから周辺世界との交流が盛んであった。海に面してないラオスも、メコン川をとおしてベトナムやカンボジアと、またチャオプラヤー川流域の内陸ルートを経てシャム湾と結びついていた。

紀元前後にモンスーンを利用する航行が成立すると、インド洋と南シナ海はしっかりと接合された。さらに五世紀前後には、マラッカ海峡を通過するルートが確立する。東南アジアの森林生産物や鉱産物を求めて来航する、インド商人ら西方世界の商人が増えた。また八世紀以降アッバース朝が海上貿易に熱心になると、インド商人とともにペルシア商人やアラブ商人も、東南アジアに多数来航し、彼らのなかにはさらに中国を訪れる商人もいた。また中国人も、一〇世紀以降東南アジアに来航し始め、とりわけ南宋の時代（一二世紀）になると渡航者が増えた。

東西世界からの来訪者が増えると、後背地の産品を輸出でき、他地域からの商人とも交易できる港市が、東南アジアの各地に台頭した。古くはメコン川下流域で栄えた国である扶南《ふなん》（一〜七世紀）の外港となったオケオ、マラッカ海峡域で隆盛したシュリーヴィジャヤ（七〜一一世紀）の王都となったパレンバンなどが、その代表である。これらの港市は、地域の外部世界への窓口となり、その支配者は外来商人と地元民を仲介することで、権力を形成した。こうした港市を拠点に形成された国家を、一般に港市国家と呼ぶ（Kathirithamby-Wells/Villiers 1990: 1-13、鈴木：一九九八）。先の扶南やシュリーヴィジャヤをはじめ、良質の沈香を輸出したチャンパー（中部ベトナム：二〜一七世紀）や森林生産物を輸出したブルネイ（一〇〜一九世紀）などは、近世以前に成立した港市国家の代表である。なお中部ジャワのシャイレーンドラ（七〜九世紀）、李朝（北部ベトナム：一一〜一三世紀）、アンコール（九〜一五世紀）、バガン（パガン）（ビルマ：一一〜一三世紀）、クディリ（東部ジャワ：一〇〜一三世紀）、シンガサリ（東部ジャワ：一三世紀）など内陸部に拠点を構えた王国も、王都やその周辺に港市を有し、農業空間を形成しつつ交易活動に関与した。

一三世紀になるとインド洋の交易活動は、ムスリム商人によって主導されるようになり、西方世界の商人が東南アジアへ多数来航した。一三世紀後半にインド洋と接する北スマトラで、イスラムを受容する港市支配者が出現した。なかでもマラッカ海峡の入口に成立したサムードゥラ＝パサイ（一三世紀後半～一五二四年：以下パサイと表記）は、北スマトラの金や龍脳、さらに胡椒を輸出する港市として繁栄した。また元朝の成立とともに、中国の東南アジア産品への需要も高まった。ジャワ島の胡椒や東部インドネシアの香辛料を集荷して輸出するため、東部ジャワではマジャパヒト王国（一二九三～一五二七年頃）が台頭した。マジャパヒト王国は、パサイとも交易ネットワークを形成し、北スマトラで東部インドネシアの産品も商わせた（Robson 1981: 266–268）。

図1－4　復元されたシュリーヴィジャヤ時代の水路

また元朝は、東南アジア大陸部と近接する雲南を影響下においた。そして雲南と東南アジアとの交易が活性化し、一三・一四世紀には内陸河川盆地におけるタイ系民族の活動が活発になった。メコン川流域やサルウィン川とエーヤーワディ川の上流部、チャオプラヤー川の盆地を中心にいくつかの王国が台頭する。北タイにラーンナー王国、ラオスにラーンサーン王国、北

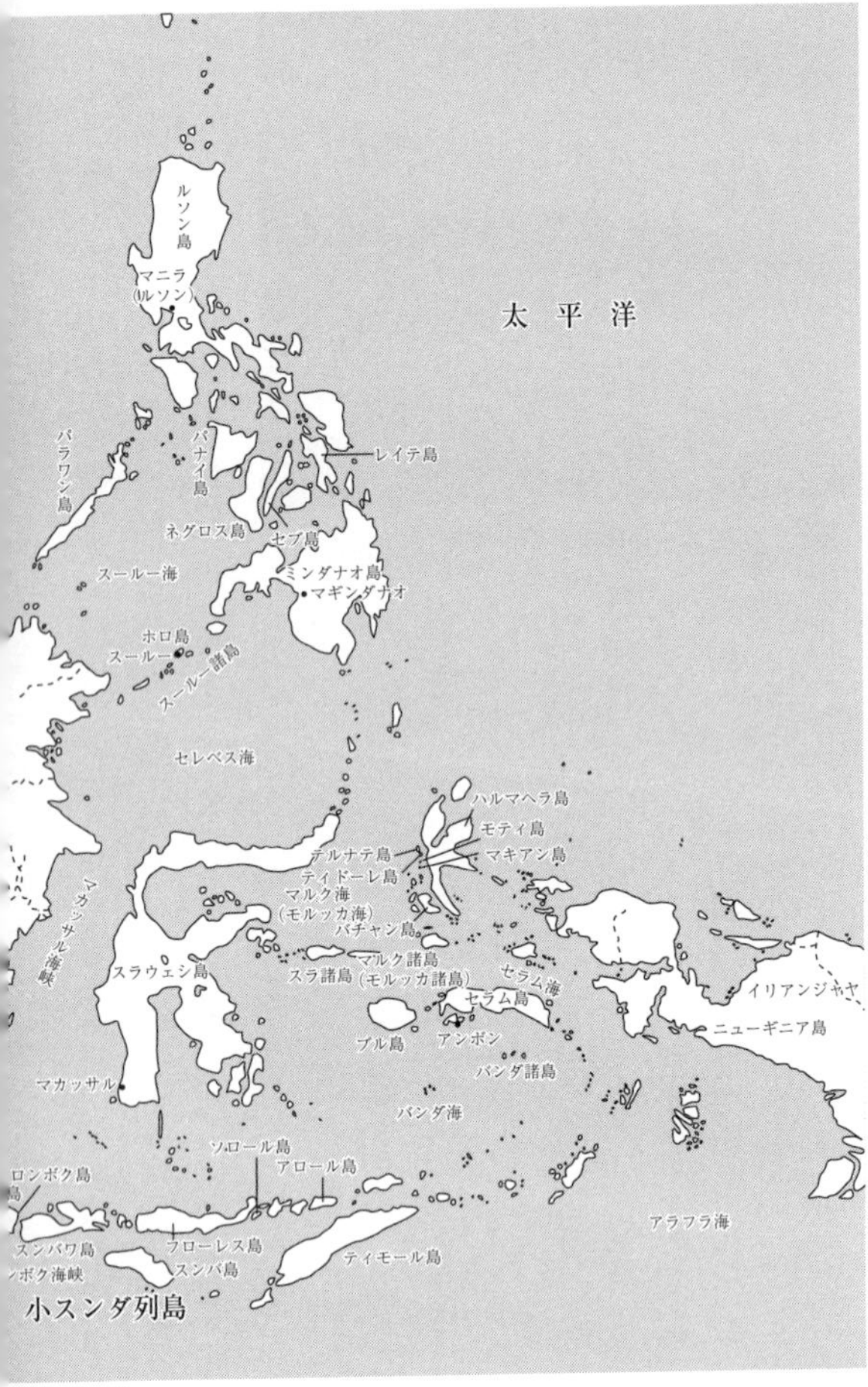

ルソン島
マニラ
(ルソン)
太平洋
パラワン島
パナイ島
レイテ島
ネグロス島
セブ島
スールー海
ミンダナオ島
マギンダナオ
ホロ島
スールー
スールー諸島
セレベス海
ハルマヘラ島
モティ島
テルナテ島
マキアン島
ティドーレ島
マルク海
(モルッカ海)
バチャン島
マカッサル海峡
スラウェシ島
マルク諸島
スラ諸島
(モルッカ諸島)
セラム海
セラム島
イリアンジャヤ
ニューギニア島
ブル島
アンボン
バンダ諸島
マカッサル
バンダ海
ソロール島
アロール島
ロンボク島
スンバワ島
フローレス島
アラフラ海
ティモール島
スンバ島
ンボク海峡
小スンダ列島

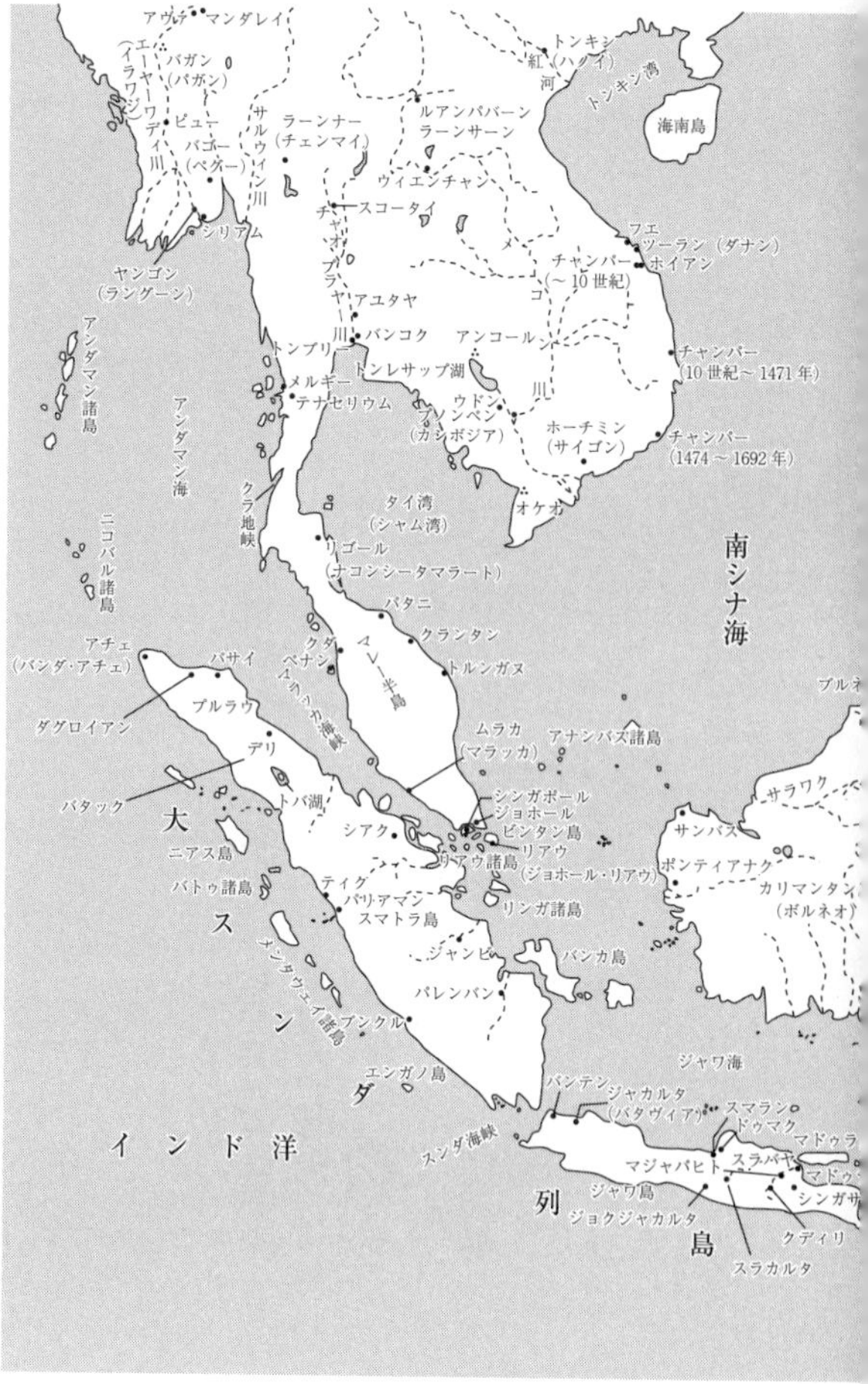

図1－5　東南アジアの港市および関係都市

ビルマにムンマーオ王国、チャオプラヤー川中流域にスコータイ王国が成立したのだ。またこうした動きに対応して一三五一年、シャム湾に注ぐチャオプラヤー川河口に、この流域の産物を広く集荷するアユタヤ王国（一三五一～一五六九年、一五九〇～一七六七年）が成立した。

†「交易の時代」の東南アジア

一五世紀から一七世紀の時期、東南アジアの海域世界には、東西海洋交易の中継港となり、また香辛料をはじめとする東南アジア産品を輸出する港市が、各地に台頭した。このため東南アジアは、従来の自給的生産活動に重点をおいた時代から、交易活動を経済活動の中核にすえた「交易の時代」へと移行する（Reid 1988 & 1993）。

東南アジアの交易活動を進展させた要因の一つは、明朝の永楽帝と宣徳帝の時代におこなわれた鄭和《ていわ》の遠征である。一四〇五～三三年にわたり七回おこなわれたこの遠征は、従来以上に対外関係を強化するためになされた。全七回のうち第一～三回はインドまで使節が派遣され、第四～七回は西アジアおよび東アフリカまで遠征がなされた。七回のいずれも東南アジアを寄港地とした。鄭和の遠征は、東南アジアと中国との関係を政治的・経済的に、以前にも増して強化した。

また西方世界との関係で重要だったのが、東南アジア産の香辛料である。胡椒をはじめマルク諸島のクローブ・ナツメグは、古くから他地域で薬用または香料として需要があった。一四世紀中葉、マムルーク朝とヴェネチアとの交易関係が形成されると、ヨーロッパでは越冬用に解体した家畜の肉の味付けのために香辛料の輸入が増加。一四世紀の終わりから一五世紀のはじめには、毎年平均で三〇トンのクローブ、一〇トンのナツメグがヨーロッパにもたらされ、一五世紀終わりには、クローブ七五トン、ナツメグ三七トン、メース（ナツメグを包む仮種皮）一七トンに増加した（Reid 1993: 13-14）。東南アジアの胡椒は、当初は主に中国向けの輸出品であったが、一五世紀後半にはインド産だけでは需要を満たせなくなったヨーロッパへも輸出されだした。

胡椒の原産地は南インドであるが、趙汝适『諸蕃志』の記述によれば、これが書かれた一二二五年にはすでにジャワでも栽培されていた。やがて一五世紀にはスマトラ島にも栽培が拡大し、一六〜一七世紀にはカリマンタン（ボルネオ島）やマレー半島でも栽培された。またクローブは、マルク北部のテルナテ、ティドーレ、モティ、マキアン、バチャンなどの島々で産出され、その後マルク中部のアンボン島やセラム島でも栽培が広まった。ナツメグは、マルク中部のバンダ諸島を原産とし、これも一八世紀末に至るまで他地域で産出をみなかった。ジャワの胡椒やマルクのクローブ・ナツメグは、すでに中国向けに輸

図1－6　復元されたムラカ王国の王宮

出されていたが、一五～一七世紀の東西交易において、これらに対する需要は従来以上に高まった。

こうして東南アジアに来航する船舶や商人は増加した。東南アジアでは、外来商人の要求に応え、域内の産品を効果的に集荷できるシステムの構築が求められた。マラッカ海峡の中央部に位置し、島嶼部と大陸部の東南アジアの諸港市と交易ネットワークを形成したムラカ（マラッカ）王国（一四世紀末～一五一一年）も、次のようにして台頭した。

ムラカは、鄭和の遠征隊の寄港地となった。その後明朝が海禁政策を維持すると、一五世紀中頃にイスラムを受容し、ムスリム商人と関係を強めた。ムラカの形成した東南アジア域内ネットワークにそって、一五世紀後半以降イスラムは、スマトラ島やマレー半島の沿岸、さらにジャワ北岸、東部インドネシア、フィリピン南部など島嶼部の各地に広まった。マラッカ海峡の周辺で話されていたマレー語は、ムラカの交易網に沿って広まり、東南アジア海域世界の商業共通語となった。また一六世紀初頭に一〇万人前後の都市となったムラカは、食糧を生産する後背地を有さず、米もジャワやシャム、ビルマより輸入する交易立国であった。

ムラカは、一五一一年にこの港市の重要性に着目したポルトガルにより占領され、ムラカを拠点に活動していたマレー商人は、東南アジアの各地に拡散した。またポルトガルがムラカに寄港するアジア商人に高関税をかけたため、彼らはこの港市を避けだした。そのため、代わって、北スマトラのアチェや西スマトラのバンテン、ムラカ王家が移ったジョホールが台頭した。

一六・一七世紀には、ヨーロッパ、西アジア、南アジアの西方世界から東南アジアに来航する商人が増加したのをはじめ、鄭和の遠征後に海禁策を維持した明朝も一五六七年にはこれを緩和し、多くの華人が来航した。また戦国時代に鉱山開発を進展させ、豊かな金、銀、銅を有した日本人も、一六世紀後半より海外渡航に積極的となり、これに加わった。一五世紀から一七世紀には、ムラカ以外にもパサイ、アユタヤ、バゴー（ペグー）、アチェ、ジョホール、パタニ、バンテン、ドゥマク、マカッサル、ブルネイ、ホイアンなどの港市が繁栄した。ヨーロッパ人が拠点を構えるマニラやバタヴィアも、これに加わった。

†コスモポリスの港市

東南アジアの港市支配者は、外来商人に広く門戸を開き、港市における彼らの活動の便宜をはかった。通常外来船が港市に来航すると、来航者の出身地や目的を尋ねるため、港市支配者は小舟を派遣する。そして返答が得られると、当該の言語や慣習に通じた係官が外来船に送り込まれ、上陸のための協議が行われた。初めて港市に来航した外来商人でも、出身地の王や代表者からの書状があれば、丁重に迎えられた。

東南アジアの港市は、ヨーロッパ人が来航し火器を使用し始めるまで城壁を形成せず、交易を望む商人には開かれており、商人たちは港市支配者に定められた税（あるいは贈物）をおさめれば、市場での商業活動に参画できた。また当時の東南アジアの港市には、来航する商人の出身地を考慮して、それに対応する港務長官（シャーバンダル）が置かれていた。たとえばポルトガルに占領される前のムラカには、四人の港務長官が存在したが、第一は西北インドのグジャラート商人の代表者、第二はインドの他地域およびバゴー（下ビルマ）、スマトラのパサイの商人の代表者、第三は他の東南アジア島嶼部（ジャワ、カリマンタン、東部インドネシア、ルソン）の商人の代表者、第四は中国およびチャンパーと琉球の商人の代表者であった（ピレス一九六六：四四八）。トルコ、アラブ、ペルシアからやってくる商人は、東南アジアで交易を行うため、西北インドで綿布を仕入れ、来航したが、そのため彼らは、グジャラート商人の代表者に迎えられた。港務長官は、担当地域から商船がくると、倉庫を割り当て、商品の価格の算定と商品の市場への搬入を仲介した。

港市では、一般に外来者は、出身地ごとに居住区を割り当てられた。それぞれの居住区では頭領が任命され、出身地の慣習に従って滞在することが認められた。ただし、各集団間の隔たりは決して固定的なものではなく、市場での商業活動をとおして他地域出身者との交流、さらには通婚もしばしばなされた。当時の東南アジアには、次章で詳しく述べるように、交易活動を進展させるために滞在する外国人商人に、現地人女性との結婚が斡旋された。彼女らは、外来者に現地の言語や慣習を教え、現地社会との間を仲介した。こうして外国人商人は、港市に逗留するなかで、しばしば地元の人々の日常品市場にまで参入し、宮廷に出入りして影響力を行使することも起こった。

そうして東西世界からの外来商人をはじめ他港市や地元出身者を幅広くかかえた東南アジアの港市は、コスモポリスとなった。ムラカは、一五世紀後半からポルトガルに占領される一五一一年までの時期、東南アジア最大規模の都市の一つであり、トルコ、アラブ、ペルシア、インドのグジャラート、マラバール、コロマンデル、ベンガルの諸地方、東南アジアの諸地域、さらに中国、琉球などから商人たちがムラカに寄港した。なかでもマラバールやコロマンデルの商人、グジャラート商人、東南アジアではジャワ商人、ルソン商人らが多数を占めた。ポルトガルに占領された直後のムラカを訪れたポルトガル人のトメ・ピレスは、この港町で八四の異なる言語が話されていたと語る（ピレス一九六六：四五）。また全盛期のアユタヤでは、一六八五年にフランス人の使節が訪れた際に、四三カ国の人々が使節に挨拶したという（ショワジ／タシャール一九九一：一八六）。

3　港市の社会統合と王権の強化

†イスラムの受容

多様な出身地の人々が集う東南アジアの港市において、支配者はそれらの人々を統合する原理を模索した。イスラムの受容はその一環である。東南アジアでイスラムが信奉され始めたのは、前述のように一三世紀以降のことで、初期の中心地はパサイであった。西アジアや南アジアの諸港市から来航する商人たちにとって、イスラム法にもとづく商業取引や契約文書の慣習を共有できることは、活動を進める上で重要であり、イスラムは広まったのである。

パサイに関しては、代々の支配者の統治を語り伝える王統記『パサイ王国物語』（一四世紀半ば～一五世紀初めに原型成立）が残されている。その内容は、必ずしも歴史的事実から構成されているわけではないが、王国建国の正当性の主張がそこに込められている。それによると、初代王は建国後、夢でムハンマドから啓示を受けたという。夢から覚めると王は、割礼されており、イスラムの信仰告白をひとりでに唱えることができたとされる。その後王は、ムハンマドの遺言に従いメッカからやって来たシャイフ＝イスマイルに導かれてイスラムに改宗し、スルタン・マリクル・サレー（生年不詳～一二九七年）を称した（Jones 1987）。

一三四五年に商人たちとともにパサイを訪れたモロッコ出身のイブン・バットゥータは、パサイのスルタンが敬《けい》虔《けん》なムスリムで、左右にシャーフィイー派のイスラム教官や学者たちを従えていたことを記している（イブン・バットゥータ二〇〇一：三九五―三九六）。シャーフィイー派法学は、イスラム・スン

図1－7　マリクル・サレーの墓

ナ派の法学にもとづく四大法学派の一つで、当時のインド洋海域世界における国際イスラム法として広く認められていた。一五世紀に入り胡椒栽培を本格化させたパサイには、ペルシア人、ベンガル人およびアラブ人のムスリム商人が多数逗留していた。多様なムスリム商人を抱えるなかで、『王国物語』のムハンマドの啓示は、パサイのイスラム世界における正統性の主張であろう。

同様にムラカの王統記『ムラユ王統記』(一六一二年)も、ムラカ王ラジャ・トゥンガが夢でムハンマドから啓示を受けたと唱える。その後、ムハンマドのお告げどおりジェッダより船がやってきて、上陸したサイイド・アブドゥル・アジズの導きにより王は改宗し、スルタン・ムハンマド・シャーを名乗った。王に次いで王家の高官や臣下もこれにならった。以降西アジアから東南アジアに至るまで、ムラカの存在は広く知られるようになったという(Brown 1970: 43–49)。

ムラカがポルトガルに占領されると、前述したように、アチェやバンテン、ジョホールが台頭した。そこではポルトガルに対抗して、イスラム世界との紐帯が希求された。とりわけアチェは、胡椒貿易で隆盛し、インド洋を介してオスマン帝国と一五三〇年代以降接触を持った。アチェの王室は、アラブ出身のウラマーたちを積極的に受け入れた。そしてアチェは、東南アジア・ムスリムにとってメッカ巡礼への玄関口となり、またメッカから帰還したムスリムの逗留する地となった。

一七世紀には、アチェのほか、ジョホールやバンテン、中部ジャワのマタラム、マカッサル、パタニでも支配者が熱心にイスラムを信奉した。バンテンやマタラム、マカッサルは、いずれも一七世紀前半にメッカに使節を送り、王はスルタンの称号を得た。地元の聖性観念に基づき君臣関係を形成している臣下にとっても、支配者がイスラムを信奉し、東西商人を引きつけることは、その富や威信に与ることができ、歓迎された。

†上座部仏教と外来者

同じ頃大陸部では、上座部仏教が広まった。上座部仏教は、一一世紀にビルマのパガン朝に受容されたのを皮切りに、シャム、ラオス、カンボジアで信奉された。東南アジアで受容された上座部仏教は、スリランカのマハヴィハーラ派（大寺派《だいじ》）の流れをくみ、アショカ王の王子がスリランカに仏教を伝えた歴史に起源をもつ。この大寺派は、歴代のスリランカ王の帰依《きえ》を得て発展し、ベンガル湾を介して東南アジアにも伝わる。上座部仏教は、戒律を重んじる僧侶と俗人とを厳格に区分し、俗人の王は、僧侶組織であるサンガの保護者としてのみ、その正統性を主張できた。王は、仏法の擁護者であり、また王国に安寧と繁栄をもたらすよう努めねばならなかった。上座部仏教は、交易活動により国を豊かにし

図1－8　復元されたバゴーの王宮にある王の即位絵図

ようとした王の活動を正当化した（石井一九九八：一五五―一五八）。

各国の王は海外交易に熱心となった。タウングー朝やアユタヤ朝はその代表である。一六世紀前半、中部ビルマでは、米の生産で人口を増大させたタウングー朝のダビンシュエティー王（在位一五三一～五〇年）が勢力を拡大し、一五三九年にバゴーに遷都した。タウングー朝は、ダビンシュエティー王およびバインナウン王（在位一五五一～八一年）のもとで隆盛し、一五五八年にラーンナー、一五六九年にアユタヤ、一五七四年にラオスも制圧する。バゴーは、米や船舶用木材、宝石、麝香などの輸出で、アルメニア、エチオピア、アラブ、ペルシア、ムガル帝国やゴルコンダ、スリランカ、北スマトラ、中国などからの商人を引きつけた。バインナウンは、仏教の擁護者であることを自認し、僧院や寺院を建設し、僧侶を保護した。彼はまた法典や判決集を整備し、商業活動を進行させるため度量衡《どりょうこう》の統一をはかった。

王都にムスリムやキリスト教徒も含めた多様な人々の滞在を許すことは、王がその偉大な功徳《くどく》を示す行為の一環とみなされた。一六世紀後半タウングー朝の影響下におかれたアユタヤは、ナレースエン（在位一五九〇～一六〇五年）の時代に独立を回復し、一七世紀には隆盛期を迎えた。一七世紀前半にアユタヤに滞在したオランダ人ファン・フリートは、アユタヤの人々が、キリスト教徒やムスリムに対して非常に穏和な態度をとり、他宗教を攻撃したり、仏教を強制しないことに注目している。アユタヤ朝の全盛期の王プラサートーン（在位一六三〇～五六年）が、数名のムスリムを仏教に改宗させようとすると、僧侶たちはこれを戒め、あらゆる種類の信仰が喜ぶべきものであることを王に説いたという（フリート一九八八a：一八六）。そのあとのナライ王（在位一六五六～八八年）も、彼の即位を支援したペルシア系住民のためにモスクを建設し、またカトリック教会の活動も容認し、フランス人宣教師とも交流した。

✝広域世界秩序の媒介役

また当時の東南アジアの支配者の多くは、中華の国際秩序も重視した。パサイやムラカはイスラムを熱心に信奉するとともに、明朝にも（パサイは元朝にも）入貢した。上座部仏教を信奉したアユタヤも同様である。アユタヤにとって、森林生産物の主要輸出先であった中国との関係は重要であった。中国側史料によると、洪武帝《こうぶてい》時代（一三六八〜九八年）、アユタヤは三六回にわたり明朝に入貢し、これは東南アジア諸国の中で突出している（藤原一九八六：三二一―三三二）。

またアユタヤとマジャパヒトに挟まれたムラカには、明朝の冊封《さくほう》体制に服することは、自らの存在を周辺世界に認めさせることを意味した。建国後、ムラカが勝手に明朝に接近したことに、アユタヤは不満を抱き、ムラカを攻撃した。そしてムラカ王は永楽帝より授与された印章を失ってしまった。そのような事態を一四〇七年にチャンパー、ムラカ、パサイの使者から報告を受けた明朝は、アユタヤに戒諭《かいゆ》を発し、アユタヤは翌年明朝に使者を送り、謝罪した。また一四二一年、一四二六年から三一年にかけてムラカは、しばしばアユタヤから侵攻された。明朝はムラカから訴えを受け、そのつどアユタヤに戒諭を発した。明の冊封体制は、ムラカにとっては、自らの存在が保証されるとともに、中国との交易がこれにより促進される効果があるものだった。

このように東南アジアの港市支配者は、しばしば複数の広域秩序に関心を払った。すべてが神に帰一することを説くイスラム神秘主義や、諸原理共存の寛容性を説く仏教など世界宗教が重視されるとともに、ローカルな婚姻や血縁の伝承も彼らにとって重要な統合の原理となった。先のファン・フリートが採集した『シャム王統記』（一六七〇年）には、アユタヤ初代王のウートンが中国の出身で、中国皇帝の娘を娶ったとしている（フリート一九八八b）。その他ムラカの王統記によると、ムラカを隆盛に導いたスルタン・マンスール・シャーが、中国皇帝の娘と結婚したとしている。いずれの場合も、史実として中国王室との婚姻関係は確定できないが、これらの港市には富裕な華人コミュニティが存在しており、両王家が華人系住民と血縁関係を有した可能性は高い。中国王女との婚姻話は、そうしたなかで王家の正統性を高めようとしたものであった。

4 東南アジアの「人喰い」風聞と地域秩序

†東南アジアの入口における「奇習」

港市は広く来訪者に開かれており、来訪者にはそこでの滞在が保障された。だが外来者が、港市支配者を介さず森林生産物や商品作物をもたらす内陸民と直接接触することは、さほど簡単ではなかった。そもそも港市支配者の存立基盤は、外来商人と内陸民を仲介することにあったからである。

港市支配者と内陸民とは、地域の自然や信仰と関係する原理で結ばれており、それは前

図1－9　パサイ王宮跡（1996年）

述した広域秩序原理と異なるものだった。たとえば前出の『パサイ王国物語』では、初代パサイ王が竹の中より生まれた竹姫と象に育てられた男の子を両親とし、スマトラの動植物の力に与《あずか》ることを唱える（弘末二〇〇三：一〇—一六）。こうした地元の原理の共有もあり、内陸民は、必ずしもイスラムを受容したわけでないが、彼らとパサイ王との関係は強かった。また内陸部住民にとり外来商人は、しばしば病気を持ち込んだり、武力を背景に人々を捕え隷属民として売りさばく厄介な存在でもあった。港市支配者には、外来者と内陸民が直接接触しない状況が望ましかった。

　こうした港市支配者と内陸民との結合原理と、広域秩序原理との違いが外来者に端的に意識される場所が、周辺世界から東南アジアへ入る地域であった。広域秩序原理をもとに港市に迎えられた外来者には、これらの地域の内陸民が、これから述べるような理解を超えた存在にしばしば映った。そして東南アジアにおいて「人喰い」の慣習があるという風聞が、インド洋の入口の北スマトラ、南シナ海の入口の北ボルネオやチャンパー、さらに太平洋から入るマルク諸島などで語られたのも、これと関係する。

こうした風聞が事実に基づいているかどうかは、簡単に判断が下しにくい。のちの植民地時代の文献は、北スマトラのバタック人、カリマンタンのダヤク人、イリアン・ジャヤ（西イリアン）の住民に食人慣習があったとする（"Kannibalisme" 1918）。ただし、外来者にその慣習が明らかになるのは一九世紀になってからであり、それ以前の人喰い話は、風聞の域を脱しない。

どうであったかという事実よりも、そうした噂話が流布した背景を検討するほうが、外来者と現地社会の仲介役を検討しようとする本書の目的には、より重要になる。そうした観点から、これから北スマトラ、北ボルネオ・チャンパー、マルク諸島での風聞とその情報源について検討する。

†北スマトラの食人風聞

北スマトラの食人風聞は、ムスリム商人が来航し始めた九世紀頃から流布していた。一二九二〜九三年に元《げん》のフビライ・カーンの使節の一員としてペルシアに向かう途中、この地を訪れたマルコ・ポーロによると、北スマトラのマラッカ海峡岸にファーレック、パスマ、サマトラ、ダグロイアンの港市国家が存在していた。このうちもっとも隆盛していたのが、サマトラ（サムードゥラ＝パサイ）王国である。『東方見聞録』のなかでポーロは、この地の住民が「未開な偶像教徒」であるが、王は勢力が強く富力も大で、元《げん》の隷臣と自称していることを記したあと、以下の記述を残している（マルコ・ポーロ一九七一：一五四―一五五）。

この島に上陸して二千人の一行とともに五カ月間を送ったマルコ氏は、まず野営地の周囲に大きな濠を掘りめぐらし、島の内陸との連絡を遮断した。これは、人間をすら捕えて食用にあてるという野獣に近い土人を警戒しての措置であった。この濠の両端は港に通じており、濠の上には防壁を施した足場まがいの木製櫓《やぐら》を五つ設備した。こうした堡塁《ほうるい》に守られて五カ月間の滞在がなされたのであるが、幸いにも付近には木材がたくさんあったからかかる櫓の造作が可能だったのである。そのうち一行と土民との間に相互信頼が生じてくるにつれ、彼等も次第に食糧その他の物資を売りに来はじめるようになった。

ポーロは人喰い風聞のために、港にへばりついた状態であった。彼はサムードゥラ以外にも、その前に立ち寄ったファーレック（プルラク）やサムードゥラのあとで寄港したダグロイアンの内陸にも、人喰いがいることを記述している。一行が王家の関係者から、そうした話を聞かされたのであろう。

図1-10 『東方見聞録』をもとに描かれた北スマトラの人喰い 出典：ポーロ、2002（フランス国立図書館蔵）

一方フビライ・カーンの信任篤いポーロをこれらの港市の支配者は厚遇し、来航者の安全を保障した。彼の記述に特に危険な目に遭遇したという箇所はない。これはまたほかの寄港者の場合も同様である。一九世紀以前に北スマトラに寄港したアラブ人やヨーロッパ人の記述に、内陸民の食人風聞がしばしば登場するが、彼らが実際人喰いと遭遇したという記録はない。すなわち食人風聞が流布する一方で、港市支配者は来訪者の安全を保障したのである。

パサイのあと北スマトラでは、一六世紀終わりから一七世紀前半にアチェが隆盛した。アチェは北スマトラだけでなく、胡椒や金を産した中部スマトラもその影響下におき、沿岸港市に代官を派遣してその交易を厳重に監督した。このため、人喰いがいるとされる場所は、北スマトラだけでなく中部スマトラの内陸部にまで広まった。一六二一年にアチェを訪れたフランス人オーギュスタン・ドゥ・ボーリュは、中部スマトラ西岸のティクやパリアマンの内陸部に外来者が足を踏み込むと、ただちに捕らえられ、胡椒をまぶして食されると人々から聞かされた(Harris 1744: 742)。港市が隆盛すればするほど、外来者にとって内陸民は、不気味さを増すのであった。

†南シナ海の食人風聞と屍頭蛮

同様な話は、東アジアから東南アジアへの入口でも展開した。そこでは港市支配者とともに、外来者と接触した女性が、重要な情報提供者として浮かび上がってくる。

既に述べたように中国人も、宋代とりわけ南宋時代になると、南海交易に熱心になった。東南アジアへ入るために南下した中国船は、多くが北ボルネオかチャンパーを経由した。一二世紀に作成された『嶺外代答』や一三世紀の『諸蕃誌』は、東南アジアへの入り口の「近佛国《きんふつこく》」において、麻羅奴《まらぬ》とよばれる「蛮族」がしばしば商船を襲い、人々を食し、その頭蓋骨を食器として用いると述べる。この麻羅奴は、サラワク西北部の地名マラノ、あるいはそこに居住したマラナオ人に比定されてきた(周去非一九九九:一一一、趙一九四〇:七五)。

この地域に居住したマラナオ人ら海洋民や内陸部のダヤク人に影響力を行使したのが、ブルネイ王国であった。一〇世紀頃に成立したブルネイは、北ボルネオならびに南部フィリピンに影響力を拡大し、一六世紀後半には中国、コーチシナ、カンボジア、シャム、フィリピン、マルク諸島、スラウェシ、ジャワ、スマトラ、マレー半島東岸諸国と幅広い交易関係を形成した。とりわけ中国商人には、東南アジアの多様な産物を購入できる重要な港市となった。ただし、中国人と海洋民や内陸民との直接的交流は、彼らが地元女性と家族形成するまで、容易でなかった。

またチャンパーも、八世紀以降中国に至ろうとするアラブ人やペルシア人の寄港地となり、一二世紀以降は中国人もこの地に多数来航した(桃木一九九九:四三)。チャンパーは、後背地の沈香や象牙などの森林生産物を輸出した。王は、森の動植物に影響力を行使することを唱え、内陸民と強固な関係を形成していた。

チャンパーでは、中国人が現地人女性と暮らしたということを、一四世紀の『島夷誌略』は伝えている。それによると、外来者がチャンパーに入港すると、地元の女性と一時結婚し、彼らが翌年また来港すると、再び連れ添ったという。彼女らは、外来者を地元の市場へ導き、現地の言語や慣習を教えた。そのため、この地の風習について、中国人の記述は詳しくなる。たとえばチャンパーには、住民が徘徊する人を捕え、その肝を切り取って王や有力者に差し出し、彼らがそれを飲食したり、集めて体に浴びる風習があったと紹介している。一三世紀にアンコールを訪れた周達観や一五世紀にチャンパーに寄港した鄭和の遠征隊も、同様な話を記している（汪大淵一九八一：五五、周達観一九八九：七五―七六、小川一九九八：一一・二〇）。

さらにチャンパーには、屍頭蛮《しとうばん》という夜寝ると頭が飛んでいく婦人がいることを、『島夷誌略』や鄭和の遠征の記録は語っている。その頭は、子供の尻に食らいつき、その妖気で子供を死に至らしめ、またもとの体に戻るという。女性の邪術（ウィッチクラフト）の話を記したものであろう。奇習話の展開に、女性が絡んでいることが垣間見えてくる。

†マルク諸島の食人風聞と女性

大航海時代を迎えたマルク諸島でも、食人風聞が開花していた。ポルトガルはムラカ占領後、一五一二年にクローブの産地テルナテ島に到達した。一方スペインは、一五二一年にテルナテ島とライバル関係にあったティドーレ島に、太平洋を経由して到達した。スペイン艦隊は、ティドーレ島のスルタンに歓迎され、クローブを満載し帰国の途に就いた。

この海域の航行がはじめてとなるスペイン船のために、ティドーレのスルタンは水先案内人をつけた。乗組員だったピガフェッタは、帰路に通過したマルク諸島や東部インドネシアの島々に、「人喰い族」がいることを水先案内人から聞かされた（ピガフェッタ一九六五：六四七―六五二）。アンボン島やスラ諸島、アロール島などがそうした場所であった。

図1-11　テルナテ島から見たティドーレ島

マルク諸島や東部インドネシアの島々の人喰い族の話は、その後も宣教師ザビエルの記録に登場する。一五四六年五月、アンボンに三か月近く滞在していたザビエルは、「この地方の島々では、他の部族と争い、喧嘩して人を殺した場合、殺された人の肉を食べます。病気で人が死ぬと、その人の手や踵《かかと》を食べるため、大きな宴会を開きます。」と手紙に記す（ザビエル一九九四：五三）。ただしザビエルは、マルク諸島のポルトガル系住民相手の布教活動を担当したので、それを目撃したわけではない。

マルク諸島や東部インドネシアは、テルナテとティドーレの両勢力が複雑に交錯し、また大した武器を有さなかった島民は、香辛料や白檀を求めて頻繁に来航した外来者に捕えられ、奴隷として売りさばかれる危険に常にさらされていた。近年の東部インドネシアの人喰い風聞をめぐる研究は、彼らの間の首狩り慣習や邪術をかけられたことにより人を喰ったとする風聞が、島民＝人喰い族とするイメージに発展したことを示唆する（Hägerdal 2010）。人喰いの話は、東部インドネシアの島民の呪術信仰の一端であり、同時に外来者を近づけにくくする「弱者の武器」でもあった。

東南アジアでそうした邪術を司ったのは、主に女性であった。前述の屍頭蛮も女性にまつわる話であった。女性は霊界との交信による呪術や病気の治療をはじめ、先に触れたように外来者との交流や、次に述べる地元の商業活動に複合的に関係していた。

第二章

外来者と現地人女性

前近代の東南アジアにおいて、地元の商業活動を担ったのは主に女性であった。近世に周辺世界から来航する商人が増えると、商品生産や市場、さらに外来者との交流において彼女らの活動が拡大した。とりわけ外来者と家族形成をした女性は、社会統合において重要な役割を担うとともに、その子孫は現地と外部世界を結びつけた。本章では、前半で女性の商業活動や外来者との家族形成について述べ、後半でそうした慣行を有する東南アジアに参入した、日本人やオランダ人の活動と現地社会との関係についてみていく。

1 東南アジアの女性と商業活動

†市場と女性

他地域と同様、東南アジアでも大地の豊穣と女性の出産は、しばしば結び付けられた。農耕に関係する宗教儀礼や稲作などの食糧生産において、女性は重要な役割を担う。そのほか土を活用する土器生産や機織りも、女性の仕事となる。これらの産品は市場に持ち込まれ、彼女らによって商われた。また結婚の際に支払われる婚資は、妻の財産となり、カップルは妻方の親の住居に住むのが一般的だった。加えて男性だけでなく、女性も財産を相続できる双系制社会がこの地域に多かったため、東南アジアの女性は比較的高い経済的自律性を有したことが指摘されている。

近世東南アジアの交易活動の活性化は、森林生産物や鉱産物の採集と搬出をはじめ、胡椒畑の開墾や生産物の運搬さらに長距離船舶交易に、成人男子の労働力を従来以上にさかせた。このため、居住地近辺での胡椒の手入れとその収穫や乾燥作業、養蚕や周辺河川での小規模漁獲などにも女性が参入し、そうして生産された胡椒や生糸も、地元の市場にもたらされた。

一五九六年にジャワ島を初めて訪れたオランダ人ハウトマンは、バンテンの最も大きな市場で、東南アジア諸地域の商人たちをはじめ、ポルトガル人、アラブ人、トルコ人、ペルシア人、中国人、コロマンデル人、バゴー人、マレー人、ベンガル人、グジャラート人、マラバール人、アビシニア（エチオピア）人らが集まっていたことを記す。多様な商品が売られていたが、そこで香辛料や食糧品、織物などの主要商品を商うのが、女性であったという（ハウトマン一九八一：一六六―一七〇）。

それによると、市場の入口手前で、取引に手慣れた数人の女性達が胡椒を販売していた。市場に入ると両側に嗜好品で薬用でもある檳榔《びんろう》と果物、サゴ椰子《やし》の幹からとれる澱粉《でんぷん》を焼く女性達がいる。中央の既婚婦人用の織物や野菜果物さらに香辛料の売場も、女性が担当

図2－1　バンテンの市場　出典：Rouffaer and Ijerman, 1915

していた。とりわけ香辛料売場では、彼女らが買い手のふところ具合に応じて小売を行う。そこでは、東南アジア産の胡椒やクローブ、ナツメグ、メース、ショウガ、沈香、白檀、胡椒より小さな実の長胡椒《ながこしょう》、クベバ（日陰で育つジャワ産長胡椒）、肉桂《にっけい》（シナモン）、ウコン、安息香をはじめ、西方世界からもたらされたアヘン、中国からのシナの根と大黄、さらにインド産のバンゲ（インド大麻）などが商われていた。

また大陸部においても、女性が商業活動で主導的役割を担ったことが、来訪者の記録より明らかになっている。一三世紀終わりにカンボジアを訪れた周達観は、その地の商業活動が女性によって担われていることを記した。また一五世紀にアユタヤを訪れた鄭和の遠征隊も、そこで女性が商業活動を主導していたと述べている。この傾向はその後さらに強まり、一八世紀初めにアユタヤを訪れたイギリス人アレクサンダー・ハミルトンは、シャムでは女性のみが商業活動を行うと記し、ビルマのバゴーでも、ヨーロッパ人が交易を行おうとすると地元の女性を娶り、彼女らを介さないと商業取引ができないと述べた（周一九八九：五八、小川一九九八：五二、Hamilton 1930: 28, 96）。

また香辛料の生産地として多数の外来商人を引きつけたマルク諸島でも、女性が香辛料の収穫・乾燥作業を担い、市場で売買していたことが一六世紀中葉の記録からうかがえる。同様にフィリピンでも、一五六五年にレガスピがセブ島に拠点を構えた時、スペイン軍兵舎を多数の地元女性が商売のために訪れた。レガスピは彼女らの来訪を制限しようとしたが、地元首長からそれがこの地の習慣であると聞き、規制できなかった（Blair and Robertson vol.2: 137–138）。

†王国の経済活動と女性

女性の扱う商品が東西交易に関与してくると、彼女らは王国の経済活動と無関係でなくなる。なお他地域と同様東南アジアでも、支配者には軍事的力量や社会を安定的に統治できる能力が求められ、男性が王になるのが一般的だった。王は、一般男性と異なり王宮に住み、権力を誇示し多くの子どもをもうけるために、多数の妻を有した。王妃らは同時に少なからぬ侍女を伴い、宮廷は多数の女性を抱えた。

一五二一年にブルネイを訪れたピガフェッタによれば、ブルネイのスルタンは高官の娘たちをまわりにかしずかせていた。またマルク諸島のティドーレのスルタンは、有力者の娘二〇〇人を妻とし、彼女らのまわりに同数の侍女がいたことを記している。全盛期を迎えた一七世紀前半のアチェでは、スルタンが妻や側室とともに数千人の女性を宮廷に抱えた。さらに一七世紀中葉の中部ジャワのマタラムでは、王が約一万人の女性を宮廷に住まわせた。女性達は、台所仕事や機織り、裁縫、舞踊や楽器演奏をはじめ、外来者との交流や商品の販売に携わった（ピガフェッタ一九六五：五九一・六〇九、Reid 1988: 165-168）。

宮廷の女性達は来航する外来商人の増加とともに、商業活動に関与する機会を増やし、とりわけ高位の女性は、対外交易に関与した。一六世紀初めのジャワ北東岸のギリでは、国王スナン・ギリの養母が港務長官となり、バリやマルク、カンボジアとの交易を営んだ。一七世紀に来航したオランダ人の記録は、王妃や王女たちが海洋交易に熱心なことを記している。一七世紀前半にカンボジアに商館を構え、米や森林生産物を入手しようとしたオランダは、国王だけでなくその王妃や前王妃にも配慮せねばならなかった。オランダは一六六五年に日本向け商品の独占交易をカンボジア王家に認めさせたが、当時の王と王母や王妃（ともに阮朝出身の王女）による日本向け交易船の活動は、容認せざるをえなかった（Muller 1917: 415）。また国王も、王母や王妃の商業活動に干渉できなかった。

有力王家の王女の輿入れに際し、王女は多数の侍女を伴った。彼女らは王妃の嫁ぎ先での生活を支えるとともに、出身国との関係を基盤に商業活動も進展させることができた。一七世紀前半に胡椒産地であったスマトラ島のジャンビでは、先王の妻ラトゥ・マスが幼い息子を補佐しつつ、同じく胡椒産地を有するパレンバン出身のため多量の胡椒を取引できる利点を活かして、オランダ人やイギリス人相手にその輸出で利益を上げた。また宮廷入りした女性のなかに、王宮内での商品の販売に携わる者も現れたほか、外来者の通訳となった女性は、後に述べるように商業活動にも関与した。

こうしたなかで、近世の東南アジア島嶼部やマレー半島には、しばしば女王が現れた。支配者は男性が一般的だったが、男系王統が途絶えたり、宮廷有力者の支持を得たときに、女王が即位したのである。先に述べたパサイでは、一五世紀前半に先王が亡くなった後、王妃ナフラシヤが息子の成人するまで女王として君臨した。ナフラシヤが王位にあった時期、パサイは胡椒の輸出港として、また東西貿易の中継港として隆盛した。ジャワでも米の輸出で栄えた北岸のジュパラで、一六世紀後半に女王が登場した。また南シナ海の中継港のマレー半島のパタニでは、一五八四年から一六八八年まで四代にわたり女王が統治した。交易で富を蓄積した初代女王は、先王よりも交易税を低くすることができ、そうした女王たちのもとで、パタニは全盛期を迎えたのである。

図2-2　ナフラシヤの墓

また胡椒貿易でアチェの全盛期を出現させたイスカンダル・ムダ（在位一六〇七～三六年）とイスカンダル・タニ（在位一六三六～四一年）の跡には、イスカンダル・タニの未亡人が女王（スルタナ）として即位した。独占交易を志向したイスカンダル・ムダとイスカンダル・タニのもとで、活動を厳しく制限された宮廷の商業エリートたちは、多様な交易活動を容認し、商業活動の振興をはかる女王の即位を支持した。彼らの支持のもとに、アチェでは四代にわたり女性スルタンが君臨した。そのほか、同じく胡椒貿易で栄えたマレー半島のクランタンでも、一七世紀に二代にわたり女王が君臨し、また白檀の交易で栄えたソロール島でも二代にわたり女王が即位した。

†ポルトガルの来航とムラカ王国

交易の時代は、男女双方に経済活動を拡大させる機会を提供した。近世東南アジアには、交易により王権を強化した支配者が各地に登場する。アチェのイスカンダル・ムダやイスカンダル・タニをはじめ、アユタヤのプラサートーン、ポルトガルに占領される直前のムラカ王スルタン・マフムッド・シャーなどは、その代表である。彼らは、独占交易を志向して権力を増強し、宮廷高官をしばしば粛清した。

これに対し東南アジアの王統記は、そうした支配者を称えるだけでなく、強権的な支配が王国を滅亡に導くことも語る。王統記では、女性がしばしば王国の滅亡にかかわる存在として描かれている。ムラカ王国の『ムラユ王統記』もその一つである。高い経済的自律性を有し、外来者とも交流した女性の活動を考える時、こうした王統記の語りは、興味深い材料を提供してくれる。

さて、ムラカが一五世紀後半〜一五一一年に繁栄したことはすでに述べた。こうしたなかでムラカの男女も商業活動を拡大した。男性は船舶を用いて外来者に便宜をはかるために委託取引を展開させ、地元の市場では女性が商業活動を担った。ムラカがイスラム王国でありながら、ピレスはこの地の少なからぬムスリム女性が、非ムスリムの男性と結婚することを記している（ピレス一九六六：四五四）。インドや中国さらに大陸部東南アジアから多数の非ムスリム商人が来航したなか、こうした慣行が広まったのであろう。

一五〇九年に初めてポルトガルがムラカを訪れたとき、ムラカは繁栄の絶頂にあった。

ポルトガルはこの港市の重要性に着目し、一五一一年七月にアルブケルケが一六隻の艦隊を率いてムラカ占領を試みた。これに対し、ムラカも兵士や火器を配備して対抗した。しかし、ムラカのジャワ人や中国人のうちにポルトガルと内通する勢力が生じ、ムラカ側は結束して行動することができなかった。またポルトガルの火器の性能が優っていたことにより、結局ムラカはアルブケルケにより同年八月に占領された。

図2－3　ポルトガル時代のムラカの要塞跡

†王国の滅亡と美女トゥン・ファティマ

史実にもとづくムラカ滅亡の主な理由はこのようになるが、ムラカ王家の解釈はそれと異なる。『ムラユ王統記』は、これから述べるとおり最後のムラカ王国の支配者スルタン・マフムッド・シャーの宰相の娘トゥン・ファティマをめぐる、スルタンと宰相の確執が、王国を滅亡させたとする（Brown 1970: 151-167）。

『ムラユ王統記』によると、ムラカの宰相シュリ・マハラジャは、隆盛期を迎えた王国を支える評判の高い宰相であり、莫大な富を有する商人でもあった。そして初めてムラカに来航したポルトガル艦隊は、この港市に攻撃をしかけたが、シュリ・マハラジャの活躍により、敗退させられた。インドのゴアに帰ったポルトガル人は、軍司令官より、シュリ・マハラジャがいる限り、ムラカは陥落しないと説かれたという。

『王統記』は経済のことに直接触れないが、本節の終わりにこの物語と交易活動との関係について考えてみたい。『王統記』によると、このシュリ・マハラジャには、トゥン・ファティマというたいへん美しい娘がいた。父親は彼女を王国の高官の息子トゥン・アリと結婚させた。一方スルタン・マフムッド・シャーは、結婚式ではじめてトゥン・ファティマを見たとき、その美しさに驚かされる。彼女のことが忘れられなくなったスルタンは、なぜシュリ・マハラジャが彼に娘を紹介しなかったのか、宰相に不信を抱く。

そんな折に廷臣の一人から、シュリ・マハラジャがスルタンを廃絶する陰謀を抱いていると語りかけられたスルタンは、それを信じ込む。そこで手勢をシュリ・マハラジャ宅に派遣し、宰相に死を迫り、シュリ・マハラジャは、スルタンの命ならば従うとして、死を受け容れた。こうしてシュリ・マハラジャを亡きものにしたスルタンは、トゥン・ファティマを娶る。しかし、のちにシュリ・マハラジャの陰謀が廷臣のでっち上げとわかると、スルタンは深く後悔した。また父親を殺されたトゥン・ファティマは、二度と笑わなくなり、スルタンの子供を身籠っても流産を繰り返した。スルタンは、王位を息子に譲り、隠遁生活に入った。

こうした時にポルトガル艦隊が再来航したという。シュリ・マハラジャのいないムラカは、奮戦したが、ポルトガル勢に敗退した。王家は一族を率いて、ムラカから退かざるを得なかった。以上が『ムラユ王統記』の伝える、ポルトガルのムラカ占領の説明である。再来航したポルトガルの火器の凄まじさは、『王統記』のなかで述べられている。しかしそれは、最初の来航時でも言及されている。ムラカを外敵の侵略から守れるかどうかは、宰相シュリ・マハラジャの存在にかかっていたとする。

ポルトガルに占領される直前のムラカについて、『王統記』と別の語りを記録したピレスは、スルタン・マフムッド・シャーはムラカに新しいメッカを作ろうとし、宰相が富を蓄積し王と匹敵する勢力であったので、一族を抹殺したとしている（ピレス一九六六：四二二、四二九―四三二）。『王統記』にせよピレスの記録にせよ、いずれも宰相が豊かな富を有していたことを語っている。その親族の女性が、商業活動や外来者との交流において重要な役割を担ったことは言うまでもない。

歴代の王統を語り伝えてきた王統記には、語り手のメッセージが込められている。『ムラユ王統記』は、支配者が君臣の調和的関係を強権的に乱すことを戒める。先に述べたパタニやアチェでの女帝即位は、女性支配者が宮廷周辺者の多様な交易を認める寛容さが期待されたからであった。王統記のトゥン・ファティマをめぐる語りは、支配者がそうした配慮を欠くと、国を滅ぼすことを語るのである。

2 外来商人と現地人女性

†外来者と現地人女性との結婚

近世に東南アジアに来航した外来商人たちを、現地社会は交易活動を進展させるために受け入れた。王に接見したあと彼らは、有力者から現地の女性を紹介された。

前章で一四世紀のチャンパーの事例に触れたが、既に一三世紀終わりにカンボジアを訪れた周達観は、中国商人がその地にやってくると、商業活動のため必ずカンボジア女性を妻とすると述べている。大航海時代の一六〇〇年にパタニに寄港したオランダ艦隊を率いたファン・ネックは、その慣習について詳しく記す（Foreest and Booy 1980: 225）。

パタニでは、他地域から外来者が商売あるいは交易をするためにやってくると、この地の男性が女性が欲しくないか尋ねにくる。あるいは若い女性や少女たちが身を差し出しにくる。［滞在する］数か月のために渡せるものに同意すると、彼の好む女性を選ぶことができる。数か月一緒にいることになると（おおいに快適になるわけではないが）、彼女が彼の住まいにやって来、昼は使用人として、夜は妻として仕える。彼は別の女性とつきあったり、彼女にひどいことをしてはいけない。また彼女は他の男と話をすることは許されず、彼がいる限りは、仲良く一緒に結婚生活をする。彼がこの地を去るときは、約束したものを与え、お互い友好的に別れる。その後彼女は、堂々と誇りをもって非難されることなく、再び他の男性を自由にもとめることができる。

こうした慣習を有さなかったヨーロッパ人に、現地人女性との一時結婚は新鮮な印象を与えた。彼女らは外来者と市場を仲介する。数か月間とはいえ、現地社会が彼女を実質的な妻として認めており、一時的な妻となることは恥ずべきことではなかった。

先に紹介したハミルトンによると、一七世紀終わりから一八世紀初めのバゴーやアユタヤでも、ヨーロッパ人が交易を行うためには現地人女性と一時結婚することが求められた。バゴーでは彼女らが優れた仲介商人となり、外来者がもってきた商品を彼女らが構えた店で売り、また内陸部の町に持って行き、内陸部の町からは外来者が欲しい商品を持ってきた。それは卸売りで得るよりも、はるかに有利な取引となったという。またアユタヤでも女性が商業活動を担い、夫は彼女の稼ぎに支えられていた。鄭和の遠征に参加した馬歓《ばかん》は、

図2-4　ムラカの女性商人と外来商人
出典：Andaya, B.W. and Andaya, L., 2015

アユタヤの男は妻が中国人と寝食を共にしても平然としており、「おれの女房は美人だから中国人が喜んでいるのだ」と語ったと記している（小川一九九八：五二）。アユタヤでは何度も外来者の一時妻となることは、それだけ多様な商業関係を有することを意味し、誉れ高いことであったのだ。

　ハミルトンは北ベトナムでも、一七世紀終わりまで最高位の貴族達がヨーロッパ人相手に、自分の娘を進んで妻としたがったことを述べている。一方一七世紀中葉に南シナ海交易の重要な中継地となっていた中部ベトナムの広南では、女性達は地元の男性と結婚して

も、外国船が来たときに外来者の一時妻となる行動の自由を認められていた。また先に紹介したレガスピがセブに拠点を構えた頃のフィリピンでは、兵舎を現地の有力者の娘たちが訪れ、商売しながら彼らの妻となることを求めた。

こうした慣行は現地権力者に支えられていた。外来者と彼女らの間に子供ができたとき、バゴーやアユタヤでは一定額を支払い国王の許可をえないと、外来者は子供を連れ出せなかった。また母親は商業活動を継がせるために、娘を手元におきたがった。なお、外来者と同意が成立しなかったとき、バゴーでは父親が息子を、母親が娘の面倒を見るのがしきたりであった。さらに北ベトナムでは、現地の妻との間に子供ができたとき、外来者が現地に子供を残してくれるのであれば、去る外来者に前夫との間にできた息子を贈ったとハミルトンは記している（Hamilton 1930: 115）。

†一時妻の周縁化

現地の妻は外来者と現地社会を仲介する重要な役割を担った。ただし、彼女たちと外来者は、常に双利共生できたわけでない。しばしば確執が生じたのが、彼女らの扱いや報酬、さらに子供の親権をめぐってである。

近世に来航したヨーロッパ人のなかには、慣行の違いから、東南アジアの女性を性的無節操者とみなす者がいた。とりわけ東南アジアで初めて植民地を設けたポルトガル人は、しばしばトラブルを起こした。ムラカではポルトガル人が現地人女性を勝手に慰みものにすることが、一七世紀に他のヨーロッパ人の間で話題となった。またクローブの産地マルク諸島のバチャン島では、やってきたポルトガル人が王家の忠告を無視し、王の妻や廷臣たちの妻を辱めたため、彼らが殺害されたことが、後にやってきたマゼラン艦隊のスペイン人に語られた。さらに広南ではポルトガル人が現地人の妻を有したにもかかわらず、約束の対価を支払わなかったため、彼女たちにより一六六七年に国王に訴えられた。その結果、国王はポルトガル人を広南から追放した（Dampier 1931: 111; Navarrete 1960: 268）。

またヨーロッパ人は、子供をめぐり、現地の妻や現地権力としばしば確執を起こした。一七・一八世紀にアユタヤに滞在したオランダ人は、この点に関し豊かな記録を残している。オランダがアユタヤに商館を構えたのは、一七世紀初めのことであった。アユタヤはオランダにとって、食糧や日本向けの貴重な森林生産物を入手できる重要な港市であった。一七・一八世紀のオランダ商館員たちの多くが一時妻をもち、商館長も例外ではなかった。一七世紀前半から中葉にかけてアユタヤに滞在した二代のオランダ商館長は、かつてオランダ人商人と一時結婚したことのある、モン人女性オストを妻とした。オストはオランダ語ができ、宮廷と太いパイプを有し、オランダ人とアユタヤ王家との間を仲介してくれ、かつ後背地の産品をもたらしてくれる有益な存在であった（Pombejra 2000）。

しかし、一六三三～四一年に彼女と同居した商館長ファン・フリートは、二人の間の三人の娘の親権をめぐり確執を起こした。ファン・フリートは、三人を非キリスト教社会に残すことを嫌い、娘たちをバタヴィアに連れて行こうとしたが、オストは同意しなかった。またアユタヤ王も彼女を支援した。

ファン・フリートは、その後もオランダ東インド会社総督の支援を得て、娘をバタヴィアに送ってくれるようアユタヤ王にはたらきかけた。しかし王プラサートーンは、許可しなかった。なお一六五八年にオストが死去すると、新たな王の即位とともに、王の恩恵を示す一環として、娘たちはバタヴィアに移ることが許可された。また一六六三年にアユタヤ王は、七歳以下の一時結婚による子供の出国を許可した。ただし、その歳以上の子供たちは、アユタヤの臣民とみなされた。少なからぬオランダ商館員がアユタヤを去る際、子供とともに妻も連れて出国しようとしたが、希望はほとんど叶わなかった。

また外来者にとって一時妻は、しばしば高いコストを伴った。ファン・フリートのあと一六四六～五一年にオストと一時結婚したオランダ商館長ファン・ミュイデンは、商館の日常品まで彼女に商わせた。宮廷高官の妻と親しかったオストには、五〇パーセントの仲介利益が保障されており、その結果、米やココナッツオイルなどは他の商人や地元の市場

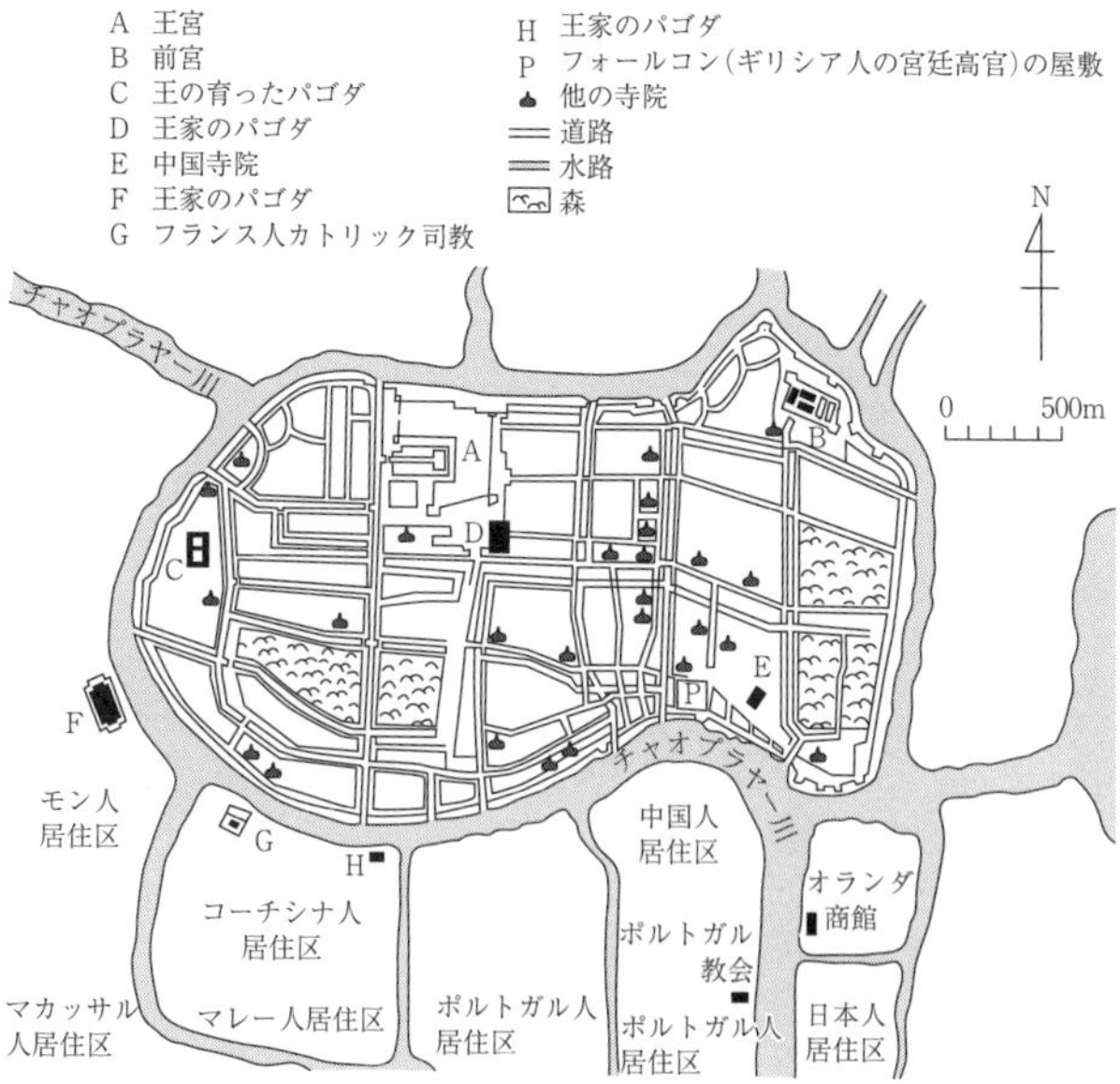

図2－5　アユタヤの街区　出典：Loubère, 1969をもとに作成

で購入するほうが、安く済むことがオランダ人にも明らかとなった。

その後のオランダ商館員も、多くがアユタヤで現地人女性と一時結婚した。ただし現地側も、現地人女性との同居を結婚とみなさず、かつ子供を連れ帰ろうとするヨーロッパ人に反感を強めた。アユタヤは、一六六四年に外来者と現地人女性が性的関係をもつことを建前として禁じた。その実効性はあまりなかったものの、一時妻は社会的に周縁化し始めた。また従来は外来者に積極的に親族女性を提供した北ベトナムでも、上層の人々はそれを控えだしたことが、一八世紀初めのハミルトンの記録からうかがえる。スペインが植民地支配を開始したフィリピンでも、キリスト教会が厳しい姿勢を取り始めた。キリスト教会と両輪でフィリピン支配を進めていたスペイン政庁は、一七世紀後半に正式結婚せずにスペイン人男性と現地人女性が同居することを規制するにいたった。

†外来者と奴隷

一七世紀には、来航する華人やヨーロッパ人が増加した。東南アジア女性との一時結婚に現地権力者が積極的でなくなると、外来者の多くは奴隷を購入して対処しようとした。前述の一六世紀終わりにバンテンを訪れたハウトマンは、その地に滞在する中国商人が、女奴隷と暮らしていたことを記す。彼女は家事を担い、かつ市場での商業活動にも関与する。奴隷は動産とみなされたため、外来者が去る場合は、他者に彼女を売り払うことができた。またできた子供の親権も得やすかった。

とりわけヨーロッパ人が拠点を構えた港市では、奴隷が彼らの活動を支える重要な役割を担った。インド沿岸部やムラカに拠点を構えたポルトガル人の多くが、アジア人女性と結婚したり、女奴隷を有した。女奴隷との間に子供ができたとき、父親が認知しキリスト教に改宗した子供たちは、自由民となった。一六・一七世紀のアジアにおけるポルトガル人の人口は、本国の人口の少なさが影響して一万人を超えることがなく、ムラカでは一〇〇〜五〇〇〇人ほどであった。そしてその人口構成は、一七世紀には本国出身者よりもユーラシアンが多数を占めた（Boxer 1969: 133-134）。

ポルトガル人についで東南アジアに参入したオランダ人も、奴隷を重宝した。オランダは一五九六年にはじめてインドネシアに来航したのち、一六〇二年にオランダ東インド会社を設立し、以降アジアの各地で活動を開始した。一六一一年にジャカルタに拠点を構えたオランダは、一六一八年にライバルのイギリスをこの地から追放し、翌一六一九年にその地をバタヴィアと改名した。オランダ東インド会社の上級職（「上級商人」以上）は、家族同伴が許可されていたが、それ以下の地位の商館員やとりわけ多数にのぼる東インド会社の軍隊の兵士には、それが認められていなかった。

オランダは、のちに述べる対立関係になりがちのマタラム王国の影響下にあるジャワ人のバタヴィア居住を厳重に制限した。また地元住民のスンダ人は、一六一九年にバタヴィアに城壁が構築される際、奴隷にされることを嫌い郊外に逃れた。一六一九〜二三年に東インド総督となったクーンは、オランダ本国からの移住を推進し、とりわけ若い女性の移住を本国に働きかけた。一七世紀中ごろバタヴィアで結婚したヨーロッパ人女性の約半分は、オランダから来航した女性とされている。ただしその数は少数で、その後マラリアの流行などにより、ヨーロッパ人女性の来航は大幅に減った。多くのヨーロッパ人は、ポルトガル領のインドやムラカなどから連れてきたマルディケルと呼ばれた解放奴隷と結婚したり、女奴隷と同棲したのである。

またオランダ当局も、バタヴィアの運河や道路さらに建物の建設に奴隷を必要とした。オランダは、ジャワ人やスンダ人に代わり、インドやビルマのアラカンさらにはバリやマカッサルなど多様な地域から奴隷購入を進めた。この結果、一六七二年のバタヴィア城内の人口統計によれば、総人口二万七〇六八人のうち、マルディケルが五三六三人、次いで中国人二七四七人、オランダ人二〇二四人、ムスリム住民およびジャワ人一三三九人、バリ人九八一人、ユーラシアン七二六人、奴隷一万三二七八人となっている（Chijs 1902: 28-29）。奴隷が総人口の約半数

図2-6　マルディケルの家族　出典：Heuken, 2000

を占めたのである。

ヨーロッパ人と結婚したマルディケルの女性やその子供、また父親が認知した女奴隷の間の子供は、法的にヨーロッパ人となった。こうしてバタヴィアに、ヨーロッパ人のコミュニティが形成されたのである。

3 近世東南アジアにおける日本人の活動

†奴隷と傭兵

一六世紀中葉から一六三〇年代にかけて、東南アジアに少なからぬ日本人が参入した。戦国時代に開発して得た豊かな鉱産物をもとに、日本人は大量の生糸や森林生産物を買いつけた。また浪人となった武士には、東南アジアへ渡り傭兵となるものが少なくなかった。近世日本人の海外活動については、日本史研究者による豊かな蓄積がある。ここではそれらを踏まえながら、日本人の活動が東南アジア社会の流動性を高め、それに対応して女性が経済活動を拡大したことを最後に検討したい。

琉球の中山王国は、一四世紀終わりから東南アジアの産品を東アジアにもたらしていた。

琉球王国の史料『歴代宝案』によれば、一五～一六世中葉に琉球は、アユタヤやムラカさらにパタニやジャワと交流をもっていた。明朝が鄭和の遠征後も一五六七年まで海禁政策を維持するなかで、琉球王国は東アジア諸国と東南アジアを仲介する重要な役割を担ったのだ。

一五四三年にポルトガルが日本に来航すると、そのネットワークにのって東南アジアへ到来する日本人が増えた。一五四七年にムラカにいたザビエルに、日本でのキリスト教布教が有望であることを聞かせた薩摩出身の弥次郎は、人を殺めて役人に追われていたため、ポルトガル人の知り合いとともにムラカにきたという。またポルトガル人は日本人の年季奉公の慣行をもとに、彼らを比較的安価な値段で奴隷としたことが指摘されている。奴隷となった彼らの多くはマカオに送られ、そこからムラカやマニラに送られた。さらにゴアやヨーロッパやアメリカ新大陸に送られた奴隷もいた（ソウザ・岡二〇一七）。

朝鮮に出兵した文禄・慶長の役（一五九二年・九七年）および関ヶ原の戦い（一六〇〇年）の後、多数の日本人が浪人となったが、彼らのなかには、東南アジアに活路を見出した者も少なくなかった。既にマニラと長崎の通商が盛んになり、一五八七年に豊臣秀吉が「伴天連《ばてれん》追放令」を出して以降禁教令を強めると、マニラに来航する日本人は増加した。一五九三年にはマニラ在住日本人は三〇〇〇人を超え、九五年には一〇〇〇〇人を超えた。また一五九八年にフィリピンのスペイン総督が、カンボジアに遠征軍を派遣した時、そのなかに日本人傭兵が多数含まれていた（モルガ一九六六：一三九―一四四）。

ただし日本人傭兵は、拠点を構えたばかりのヨーロッパ人にとって警戒するべき存在ともなる。増大する日本人勢力を警戒したスペイン政庁は、一六〇六年に日本人追放令を出すと、日本人コミュニティは反乱を起こし、それは一六〇八年まで続いた。その後反乱は鎮圧されたが、一六一四年に徳川幕府の下で禁教令が出されると、弾圧を逃れて高山右近や内藤如安《じょあん》ら一〇〇名以上の日本人がマニラに来航した。一六一五年のフィリピン・スペイン軍とオランダとの戦いでは、双方の軍に日本人傭兵が含まれていた。マニラの日本人は一六二〇年には、三〇〇〇人になった。

図2-7　1600年にやって来たマニラの日本人
出典：Ijzerman, 1926

　オランダも日本人傭兵を「勇猛果敢」な戦士とみなした。ポルトガルやイギリスと対抗するために、ジャカルタ（一六一九年以降バタヴィア）をはじめマルク諸島やムラカで、日本人傭兵を活用した。岩生《いわお》成一《せいいち》氏の研究によれば、一六一三年にティドーレ島遠征のため、ジャカルタから四〇人の日本兵を、一六二一年にはバンダ島遠征のために、バタヴィアから八七名の日本人を派遣した。その際、日本人隊長は先陣の功により特別賞が授けられたという（岩生一九八七：六一―六六）。当時のバタヴィアには四〇〇名前後の兵士がおり、マニラに比し、日本人傭兵の比率はさほど高くない。しかし、その存在は貴重で、ジャカルタでオランダとイギリスが対立したとき、オランダもイギリスも競って日本人を配下に獲得しようとした。

この結果日本人傭兵の存在は、東南アジアのヨーロッパ勢力の対立を先鋭化させた。ジャカルタやアンボンにおけるオランダとイギリスとの対立に、日本人が絡んだことはこれを鮮明に示している。その対立が深まりつつあった一六一八年、前述のようにどちらも日本人傭兵の獲得に熱心となった。そんななかオランダ東インド会社の日本語通訳が、イギリス商館に出入りし、イギリス人とバンテン王がオランダ人を皆殺しにしようとしているという計画を聞き、オランダ側に通報した。これによりオランダとイギリスの戦闘が始まり、翌一六一九年にイギリスはジャカルタから追放された。

また一六二三年にアンボンでは、日本人傭兵の七蔵が、禁制区域に再三立ち入りをしてオランダ人衛兵と雑談を交わし、城壁の構造や兵士の数などを聞いた。これに対し、オランダ当局は猜疑心《さいぎしん》を強め、衛兵が七蔵を拷問にかけた。その結果、日本人兵士がイギリス人と結託して、オランダの城塞占領をもくろんでいたことを自白したという。そのため日本人九名とイギリス人一〇名、ポルトガル人一名が処刑され、イギリスはアンボンを追われた。

その後、一六三五年の海外渡航禁止令により、日本人の移住は途絶えた。他方、このころまでにスペインやオランダは東南アジアでの拠点を確立した。

†朱印船貿易と東南アジアの権力者

大航海時代にヨーロッパ市場での独占取引をもくろんだポルトガルやオランダさらにイギリスは、東南アジアで大量の香辛料を買い付けようとした。また活性化した東西貿易の展開により、東南アジアの産品に対する需要が増大し、現地支配者は商品を集荷するため、権限を増強する必要があった。東南アジア産品を大量に購入しようとした日本の朱印船貿易も、東南アジアの王権強化を助長した。

鉱山開発を進展させた日本は、一六世紀終わりに世界の三分の一の銀を産出していた。豊かな鉱産物と交換に、日本人は東アジアや東南アジアの生糸や絹織物さらに蘇木《そぼく》や鮫皮《さめがわ》、鹿皮などを大量に買い付けようとした。政権を安定させた徳川家康は、海外と親善をはかりつつ貿易を進展させる朱印船の渡航を実施した。原型は、一五九四〜九六年に豊臣秀吉が発給した海外渡航朱印状にある。一六〇四年から海外渡航禁止令が出される一六三五年まで、三五六隻の朱印船が海外渡航した。渡航先の最も多かった場所は、交趾《こうし》（広南：中部ベトナム）七一隻、二番目がシャム（アユタヤ）五六隻、三番目がルソン五四隻、四番目がカンボジア四四隻、五番目がトンキン（北部ベトナム）三七隻であった。六番目以下は、タイオワン（高砂〔台湾〕）三六隻、マカオ一八隻、パタニ七隻、チャンパー六隻となる。一隻が一〇〇〜八〇〇トンほどと推測されている（岩生一九八五：一二七・一四二、永積洋子二〇〇一：四九）。

交趾やトンキンさらにルソンでは、主に生糸を、アユタヤやカンボジアでは、鹿皮や鮫皮さらに蘇木などを買い付けた。朱印船はこれらの商品を銀と交換で購入する。一六三〇年代に日本にもたらされた年平均四〇万斤の生糸のうち、朱印船により輸入されたものは一五万斤ほどで、そのほとんどが交趾やトンキンからであった。鹿皮は二〇〜三〇万枚、蘇木は二〇万斤を輸入した。朱印船が日本にもたらした商品の総額は、同時期のポルトガル船、オランダ船、華人船それぞれの総額を凌いでいた。

朱印船貿易の展開は、東南アジアの現地政権にも少なからぬ影響を与えた。広南阮氏の台頭は、その一例といえる。一五五七年阮潢《グエンホアン》は、北部ベトナム支配者の鄭氏からフエへの駐屯を命じられた。その後一六〇〇年頃から阮氏は鄭氏から独立し、家康に国書を送るなど、独自の外交を始めた。そうした阮氏の権力を支えたのが、華人船と朱印船との交易である。中国から大量の生糸や絹織物がもたらされ、それが朱印船の銀と交換されたのだ。広南での交易では、貿易船が外港のツーランあるいはホイアンに到着すると、商品にかかる輸入税一〇パーセントを納め、地方長官に贈り物を届けることになっていた。その時広南の国王や大官たちは、日本船の銅や銅銭も買い上げた。

こうして広南での交易活動が活発になると、東南アジア産の白檀やクローブ、ナツメグ、金などを持ち込むパタニやシャム、カンボジアからの商船も集うようになった。一六二七年、阮氏は鄭氏への朝貢を停止したため、以降両者は戦闘状態となった。しかし、広南はすでに中継港としての地位を確立していた。朱印船の定期的な来航により、ツーランやホイアンに日本町が形成される。それとともに広南の生糸も取引されるようになり、オランダが一六三〇年代に来航した時には、朱印船の生糸の買い付けのために、日本町の住民が付近の村の養蚕家に生糸を彼らだけに渡すよう、一世帯あたり一〇〜一二テールの前貸し金を出していた。一六三五年に朱印船貿易は終わりを迎えたが、その後も広南は、中国のジャンク船が立ち寄り、東南アジア産の森林生産物や香辛料を買い付ける中継港として繁栄した。

図2-8　復元されたホイアンの日本町

広南と対立関係にあった鄭氏のトンキンにも、朱印船が来航し、日本町が形成された。トンキンの生糸は、広南のものよりも上質であった。鄭氏は貿易体制を整備し、権力基盤を強化した。南シナ海上の位置から、広南に比し中継港になりにくかったトンキンは、王が入港した朱印船の活動を強くコントロールした。一六二七年からの広南との抗争は、この生糸をめぐる対立でもあった。トンキン南部の生糸をも入手しようとする広南に対し、鄭氏はそれを厳重に規制した。一六三五年以降朱印船に代わり、オランダ船が日本向け生糸を仕入れるようになった。オランダは、それを一七世紀終わりまで長崎に送った。

またシャムの圧力のもとで王権が不安定だったカンボジアでも、一六一八年に即位したチェイチェッター王が、交易に便利なウドン（図1－5参照）に拠点を構え、王権の強化をはかった。カンボジアは、中国人や日本人、ポルトガル人、マレー人、ラオス人らの商人を引きつけた。

日本の朱印船は中国船やポルトガル船が持ち込んだ生糸と、ラオス人やマレー人がもたらした多量の鹿皮や漆を買い付けた。チェイチェッター王は、ベトナムの援助を得て、シャムの侵略を撃退した。一六四二年に父チェイチェッターと兄であった当時の王を殺戮して王位に就いた王の弟は、マレー人の支持のもとイスラムに改宗しスルタン・イブラヒム（在位一六四二～五八年）を名乗り、王権を強化した。この王の治世下で、シャムに優るとも劣らない数の鹿皮と黒漆を日本に輸出した。また朱印船貿易のあとも、華人、マレー人、ポルトガル人、オランダ人、イギリス人、デンマーク人らがカンボジアに来航し、カンボジアは「交易の時代」の全盛期を迎えた（北川一九九九：二四六、遠藤二〇一〇：四二）。

†山田長政とアユタヤ王プラサートーン

東南アジアの支配者にとって日本町の住民は、権力を増強する上で重要な存在であった。そのため、現地の権力抗争には日本人も巻き込まれた。一七世紀前半の広南やアユタヤの王位継承の戦いは、それを典型的に示す。

広南では王権を確立した阮潢が、一六三五年に没した。王は長男を後継者に定めていたが、その弟も王位をうかがった。広南での王位継承争いは、両候補とも中国人や日本人を支持者に取り込もうとした。結局抗争に勝利した長男が新国王となったが、その過程で八〇〇〇～一万人の中国人と日本人が犠牲者になったと推測されている（永積洋子二〇〇一：一四八）。

一方アユタヤには、すでに一七世紀初めに日本人コミュニティが形成されていた。そのなかの成年男子よりなる日本人義勇組（クロム・アーサー・ジーブン）は、武官としてアユタヤの官制に組み込まれていた。一六一二年頃アユタヤにやってきた山田長政は、ソンタム王の下で頭角を現した。一六二一年にシャムが日本に使節を派遣した時には、シャム王はこれまでどおり日本と交流を希望し、日本人の頭領が山田仁左衛門（長政）であることを記した国書を渡した。長政はこのとき、日本人義勇組の書記に相当する官職名を有していた。ソンタムは一六二一年に次いで、二三年、二六年、二九年（前年二八年に出発）の四回江戸幕府に使節を送った。長政も一六二四年に、鹿皮を乗せた船で長崎に来航した。さらに彼はアユタヤの米をムラカに送り、またバタヴィアとも取引しようとした。

一六二八年一二月にソンタム王が亡くなると、王位継承の争いが生じた。故王の従弟オークヤー・カラーホームは、当初王の長子ゼッタを擁立し反対派と抗争したが、そのゼッタや遺児を殺戮し、王位を簒奪した。新王プラサートーンの誕生である。オランダ語史料によると、日本人義勇組隊長オークヤー・セーナーピムックも、日本兵八〇〇人とシャム兵二万人を率いて、プラサートーンのために活動した。しかし新王は、オークヤー・セーナーピムックの影響力の拡大を警戒し、彼をリゴールの太守に任じ、宮廷から遠ざけた。彼はリゴールで死亡したが、反対派に毒殺されたとの噂が流れた。その後彼の息子が、日本人一団を率いて反乱を起こしたが、住民の支持を得られず、カンボジアに逃亡した。このオークヤー・セーナーピムックは、従来山田長政に比定されてきた（フリート一九四二、岩生一九六六：一一四）。同一人物かどうか、議論の余地はあるが、当時の日本人義勇組隊長が無視できないほどの勢力を有したことは、否定できない。

図2-9　アユタヤ軍の日本人義勇組
出典：カセートシリ、2007

　プラサートーンは、日本人の復讐を恐れ、アユタヤの日本人を殺害しようと計画した。それにより日本人は逃亡をはかり、チャオプラヤー川を下り、多くがカンボジアに逃れたという。オークヤー・セーナーピムックの話は、彼が失脚したあとアユタヤにやってきたオランダ商館長ファン・フリートの記述にもとづく。

日本人が来航しなくなったあと、シャム・日本間の貿易に与ることになったオランダにとって、プラサートーンとの関係はきわめて重要であった。長政がいかに退けられたか、前任者の記録と当時の人々の語りをもとに、ファン・フリートは詳しく述べている。なおこの件についてもファン・フリートの妻オストが、宮廷関係者をめぐる情報収集に寄与したことは言うまでもない。

権力を確立したプラサートーンは、重要な貿易相手である日本人の復讐心を和らげるため、日本町の復興に努めた。また彼は日本に国書を送り、貿易の振興を訴えた。しかし、これまでアユタヤ王の国書に返信してきた徳川幕府であったが、日本人弾圧が将軍の権威を損ねたとして、これには応じなかった。

†日本人の活動と東南アジアの社会統合

ヨーロッパ人や華人などと同じく、朱印船貿易の関係者や傭兵となった日本人の多くが、男性単身者であった。統計の残っているバタヴィアでは、一六一八年から一六五五年の三八年間に結婚したクリスチャンの日本人が、九二人いたことがわかっている（岩生一九八七：二九一―四二）。このうち日本人同士は、一〇件（二〇人）のみで、他の日本人の男四八名は、バリ人女性をはじめバタヴィアやパタニ、ベンガルやコーチン出身の女性など多様なアジア人女性と結婚していた。日本人女性二一名の結婚相手は、多くがオランダ人（一二名）、ドイツ人（五名）、フランス人（二名）、イギリス人（一名）とヨーロッパ人男性がほとんどで、一名はアラカン人男性と結婚している。その他三名は婚姻簿に記載されていないが、多くが多様な出身地の人々と家族形成していたことがわかる。

朱印船関係者や日本人傭兵の場合も、同様であった。日本と生糸取引が盛んであった広南では、多くの日本人が現地で妻を有した。一六六〇年代から七〇年代にかけて日本町の頭領であったと思われる角屋七郎兵衛は、広南阮氏の王族の妻を有していた。養蚕を担ったのは主に女性であり、彼女らは王族の女性の傘下にあった。先に触れたように広南に住む日本人は、使用人とともに村を回り、すべての生糸を渡してもらうため、前貸金を渡している。日本人と結婚した現地女性は、生産者との関係を保つためにも重要であった。

また山田長政も、シャム人女性を妻とした。当時アユタヤで、女性の仲介なしに米や森林生産物の取引に関与することは難しかった。そのほか一六四〇年代のカンボジアの日本町の頭領も、オランダ人から婚資を借りて宮廷有力者の造幣頭の娘と結婚している。

朱印船貿易や日本人の傭兵が東南アジア社会の流動性を高めると、兵役や労役さらに森林生産物採集に関わる成年男子の負担が増大した。これに対応して女性の商業や生産活動における役割は、一層重要になった。この点は、バタヴィアに渡った日本人女性の活動からも垣間見られる。

†バタヴィアの日本人女性

なお日本では、クリスチャン追放が強化され、日本にいたヨーロッパ人との間に生まれた子供もその対象となった。「ジャガタラお春」の名で知られる、長崎にいたイタリア人の父と日本人女性の間の娘だった「お春」は、一六三九年に長崎から追放された。バタヴィアに渡ったのち、一六四六年にオランダ東インド会社職員シモンセンと結婚した。シモンセンは、やがて商館員補から税関長に昇進する。彼は会社退職後も自由市民としてバタヴィアに在住し、一六七二年に没した。彼女は夫の死後、その財産を引き継いだが、それをもとに彼女が何らかのビジネスに関与していたことは、一六八一年か八二年に長崎へのオランダ船に託した手紙からもうかがえる（お春はインド綿布や絹織物、上質の人参などをオランダ船に託して、長崎の親族や知り合いに送っていた）（岩生一九八七：一六九）。おそらく彼女は、私貿易や金融業に関与したのであろう。

また同じくジャカルタにいたふくも、金融業に関わった。彼女は一六四四年に長崎出身の日本人六兵衛とバタヴィアで結婚した。五一年に夫が死亡した後、彼女は残された遺産をもとに金貸し業を営んだ。貸し付けの担保には奴隷があてられることが多く、彼女は奴隷の売買にもかかわっていた。彼女も一六六五年に、オランダ船に託して出身の平戸の親族やその関係者に、インド綿布や絹織物、さらに高価な龍脳や菩提珠《ぼだいじゅ》を送っていた。当時の東南アジアでは、女性が金融業や両替業に関与することは珍しくなく、アチェや北部ベトナムでも主に女性がこれを担った（Dampier 1931: 47, 92)。

図2-10　コルネリア（右から3人目）　出典：Heuken, 2000

平戸のオランダ人商館長と日本人女性の間に生まれたコルネリアと、オランダ人男性ビッテルとの間の確執も、こうしたコンテクストで理解される。コルネリアは一六三三年にバタヴィアに来た後、一六五五年にオランダ東インド会社職員のクノルと結婚した。クノルはその後順調に昇進し、首席上級商務員となった。しかし、一六七二年クノルは死去し、彼女と子供たちに、少なからぬ遺産が残された。七六年にコルネリアと再婚した裁判官のビッテルは、この遺産に目をつけた（ブリュッセイ一九八八）。

そこで彼は、結婚したコルネリアの後見人の立場を利用して、彼女の財産を管理しようとした。また彼女の財産をめぐる争いは裁判となり、バタヴィアだけでは決着がつかず、オランダの高等裁判所でも争われた。なお判決は、ビッテルにコルネリアの収入の半分と、彼女の財産の用益権を認めるというものであった。彼女は承服できなかったが、一六九二年にオランダの地で死去した。夫婦の財産は夫のものとする観念の強かったオランダ人に対し、女性が経済活動を拡大したバタヴィアで生きたコルネリアは、最後まで闘おうとしたのである。

以上は、いずれも夫に先立たれたバタヴィアの日本人女性の事例である。他の日本町の場合も、傭兵や商人が現地の政治抗争に巻き込まれ、少なからぬ男が命を落とした。彼らの活動を支えるため、その妻をはじめ養蚕業に関係した女性たちは、従来以上に生産活動や商業に関わらざるを得なかった。結果として日本人の活動は、近世東南アジアにおける女性の経済的役割を拡大させたといえるだろう。

4　植民地支配者と現地人女性

†オランダとマタラム王家

オランダはバタヴィアを拠点に、東南アジア海域世界に勢力を拡大した。一六〇五年にアンボンからポルトガル人を追放し、一六二三年にはアンボイナ事件を契機にマルク諸島からイギリス人を追放した。また一六四一年にポルトガル領のムラカをジョホールとの連合軍で奪い、オランダ領とした。さらに一六六九年には、東部インドネシアに影響力を行使したマカッサル王国を滅ぼした。一六七〇年代にオランダは、東南アジア海域世界でもっとも優位な地位を確立し、拡大するオランダ勢力のもとで、ジャワの諸王国は後退を余儀なくされた。一六世紀後半に建国されたマタラム王国も、例外ではなかった。

ただし、当時のオランダは単独で覇権を形成できず、現地勢力の協力を必要とした。またやってきたオランダ人のほとんどは男性単身者であり、彼らの多くが現地人女性や女奴隷と家族形成した。こうした女性の存在は、マタラム王家とオランダとの関係構築にも影響を与えた。

オランダがバタヴィアに拠点を構えた頃、稲作地帯を抱えた中部ジャワのジョクジャカルタを拠点に、イスラム王国マタラムが隆盛した。マタラムは、第三代アグン（在位一六一三～四六年）の時代に全盛期を迎え、中東部ジャワへ勢力を拡大した。こうしたなかで、マタラムとオランダは対立関係になり、一六二八年と二九年にマタラムは二度バタヴィアを包囲して、オランダを駆逐しようと試みた。しかしマタラムの攻撃は失敗し、バタヴィア攻略はならなかった。

その後アグンが亡くなり、アマンクラット一世が次王となった一七世紀中葉以降、米を輸出したいマタラムと、それを効率よく輸入したいオランダは利害の一致をみ、両者の関係は好転した。一六七五～七九年にマタラム王家に反抗したトルーノジョヨ軍が王都を占領し、マタラム王アマンクラット一世が亡くなると、オランダは亡き王の息子を支援した。オランダは、トルーノジョヨ軍を敗北させ、王子をアマンクラット二世として即位させたが、その見返りに、ジャワ北岸港市スマランと西ジャワの後背地を獲得し、インド綿布・アヘンの独占販売権および米買い付けの独占をマタラムに認めさせた。

折しも、東南アジアにおける「交易の時代」は、一六七〇年代のヨーロッパにおける胡椒価格の暴落、日本の「鎖国」政策、明清交代期の鄭氏の活動に対抗した清朝の遷海令（一六六一～八四年）などにより東西交易が衰退し、一七世紀終わりに終焉を迎えた。胡椒貿易や中国産の生糸を日本へ輸出することで大きな利益を上げてきたオランダにとって、代わってジャワの植民地経営は一層重要となった。オランダは、マタラム王家にさらに介入した。

一八世紀の前半・中葉にマタラム王家は、三度王位継承戦争を起こした。最初の二度の戦争では、いずれもオランダが支援した候補者が王位に就き、オランダは代償として、ア

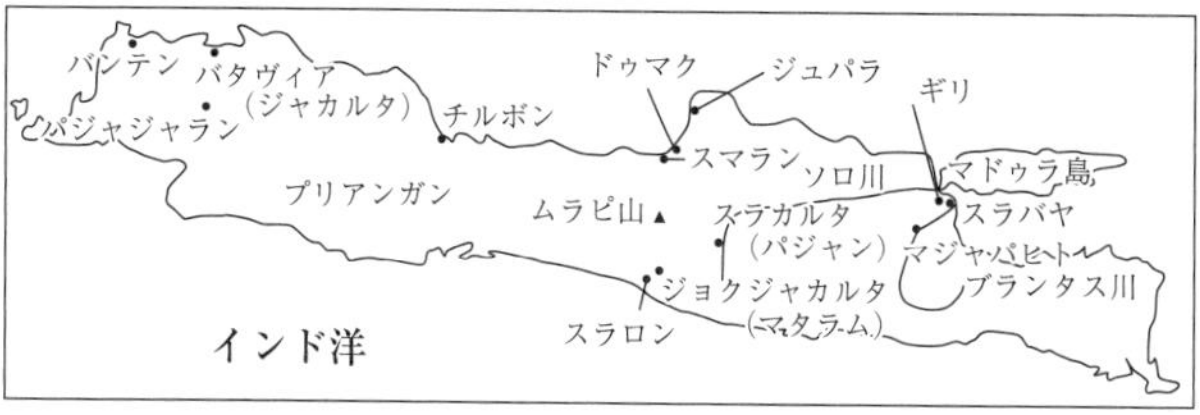

図2-11　ジャワ島

マンクラット二世を即位させたときの協定をマタラム側に再確認させ、加えて米の無償提供、オランダ軍の王都常駐を認めさせた。さらに一七二六年にオランダが即位させたパクブウォノ二世在位期の一七四三年には、ジャワの北岸沿岸部をすべてオランダに割譲させた。しかし、弟のマンクブミならびに甥のマス・サイドが、オランダの要求に応じたパクブウォノ二世と不和になった。

　オランダはパクブウォノ二世を支持し、パクブウォノ二世は一七四九年に死去する直前、マタラムの領土をオランダ東インド会社に譲渡したいと申し出た。話を聞いたオランダはその処置に困り、いったん話を受けたが、その領地を王の遺児に譲り、パクブウォノ三世として即位させた。これに対し、二五〇〇名の砲兵を含む一万三〇〇〇人の兵士を集めたマンクブミとマス・サイドは、反旗を翻し、三回目の王位継承戦争となった。オランダは、彼らの攻勢から王都を守るのがやっとの状態であった（Ricklefs 1981: 91-93）。

　長引く軍事行動は、オランダ東インド会社の財政を悪化させた。

オランダは交渉により事態を打開させる方策に転じた。その結果、一七五五年にマンクブミとパクブウォノ三世との間で和平が成立する。マタラム王家はパクブウォノ三世のスラカルタのススフナン王家と、マンクブミのジョクジャカルタのスルタン王家に分裂した。さらに一七五七年には、マス・サイドがスラカルタ王家の東部を分けてもらい、マンクヌガラ王家を開設した。オランダは諸王家を内陸部に封じ込めつつ、彼らと共存する政策を採った。

オランダ支配のもとで諸王家は安定した。なかでもジョクジャカルタを拠点としたスルタン王家は、未開墾地を開拓して人口を増やし隆盛した。王家にとってオランダは、欠かせない存在となった。一八世紀の終わりから一九世紀の初めにできたとされるスルタン王家の王統記『サコンダルの書』は、これから述べるように、オランダがマタラム王家と特別な関係にあったと説く。

†ジャワの社会統合と女性

『サコンダルの書』に入る前に、一七・一八世紀のジャワにおけるヨーロッパ人の家族生活をみてみたい。一九世紀半ばまで東インド（インドネシア）に来たヨーロッパ人の大半は、現地生まれのヨーロッパ人女性や現地人女性、さらに女奴隷と家族形成した。現地人女性との一時婚を彼らは必ずしも正式結婚とみなしたわけでないが、現地側はこうした女性を妻と見なし、ジャワでは彼女らをニャイ（「ねえさん」）という尊称で呼んだ。また現地社会とのしがらみを持つニャイを避け、女奴隷との暮らしを選ぶヨーロッパ人もいたことは先に述べたとおりである。こうして誕生した子供のなかには、父親の認知によりヨーロッパ人となるものがあり、オランダとの交流が長かったジャワの主要都市に、ヨーロッパ人コミュニティが出現した。

既に述べたように、バタヴィアのヨーロッパ人コミュニティは、男女比が均等でなく女性が少数であった。現地のヨーロッパ人女性は、やってきたヨーロッパ人の貴重な結婚相手となった。一方オランダから遠く離れた東インドに、当時本国の意向は及びにくかった。東インド会社総督については、第九代のファン・ディーメン（在位一六三六～四五年）から一七九九年に東インド会社が解散するまで、すべてバタヴィアの東インド評議会の推薦者を、本国が追認するかたちであり、東インド評議会のメンバーは、バタヴィアを実質的に支配したエリート権力者たちであった。

ただし、彼らは最初からエリートだったわけではない。オランダからアジアへ赴いた若い男性の多くが、一攫千金を夢見ていた。そのためには、まず赴任先の東インド会社の有力者と姻戚関係を持つ必要があった。東インド会社の一般職員の給料は、必ずしも高給ではない。彼らの多くが会社で勤務しつつ、そこで培われた人間関係を活用して私貿易を行っており、有力者の家系と婚姻関係を持つことは、そうした貿易にも与れることを意味した。こうして財を蓄積し昇進の階段を昇りつめた彼らが、東インド評議会のメンバーになったのである。

なお現地で家族ができると、彼らの子供は奴隷の乳母に育てられ、現地の風習に馴染んでいく。そのため子供たちが最初に話せるようになる言語は、マレー語であった。オランダ語を話すヨーロッパ人男性は昇進のため、その後バタヴィアを離れるものが多く、また男子はオランダに教育のため送られる者も少なくなかった。他方女子は、そのままバタヴィアにとどまり、新来の会社男性の結婚相手となった。こうしてヨーロッパ人男性よりも女性が多く残ったため、バタヴィアには女系家族を核とするヨーロッパ人社会が形成された。そしてバタヴィアの現地生まれのヨーロッパ人の力は強く、彼らは東インド評議会の運営や東インド総督の選出に少なからぬ影響力を行使した（Taylor 1983: 71-75）。

バタヴィアのヨーロッパ人コミュニティでは、ユーラシアンが多数をしめた。ユーラシアン男性の多くは、オランダ東インド会社の下級職員や東インド軍の兵士となったが、一九世紀前半までは東インドにやってくるヨーロッパ出身者が限られたため、東インド会社や植民地政庁の中級・上級職にも進出した。またバタヴィア以外のヨーロッパ人コミュニティを構成したのも、ユーラシアンがほとんどであった。彼らのなかには、私領地を購入したり、ジャワ王家より土地を貸借し、砂糖農園の経営者として少なからぬ影響力を行使する者がいた。

こうしたなかで一八世紀中葉にジョクジャカルタのスルタンは、オランダがスルタン王家の分立を認めてくれた謝礼として、寵愛した彼の妻の一人をジャワ北東岸州のオランダ人知事に与えた。知事も返礼に、勢力下にあった東部ジャワの貴族の娘をスルタンに贈った（Carey 1992: 97）。こうして両者の関係が深まるなかでスルタン王家は、オランダとマタラム王家が、元来血縁関係にあったのではないかと観念し始めた。『サコンダルの書』ができてくる背景である。

†オランダ人と元パジャジャラン王女の女奴隷

東南アジア王家は、一般に多彩な地域出身者と婚姻関係を有した。多様な血縁関係は、交易立国する上で重要だからである。こうしたなかで中部ジャワのスルタン王家は、オランダがジャワで拠点を構えるにいたったいきさつを、血縁をもとに構築しはじめた。作成された『サコンダルの書』は、オランダ人とジャワを結びつける上で、西ジャワ出身の女性が重要な役割を担ったという。『サコンダルの書』は以下のように語る（Ricklefs 1974:

377–402)。

オランダの中心地マブキット・アムビンの王は、一二名の美しい妻を有していた。そのうちの一人は、身籠ったのちに、貝を産み落とし、そのなかより、バロン・スクムルとバロン・カセンデルが生まれた。バロン・カセンデルは、成長するとスペインに赴き、マブキット・アムビン王の弟であったスペイン王のため数々の軍功をたて、王の跡を継ぎ、次のスペイン王となった。

スペインはカセンデルの統治下で栄えたが、カセンデルは精神修行の旅に出たくなった。そこで王位を兄のスクムルに譲ろうとしたが、他の兄弟たちの反対を受け、結局父親に王位をゆずった。王となった父親は、兄弟たちの不和を諌《いさ》め、一致団結することを説き、その結果オランダ東インド会社(Kumpni)が結成されたという。

カセンデルと他の三人の兄弟は、そこでジャワの地に赴いた。当時ジャワはマタラム勃興期のスナパティ(在位一五八四~一六〇一)の時代であり、カセンデルら四人は、スナパティに仕え、王国を繁栄に導いたという。またスクムルも、ジャワの地に商売のため出かけることを決心し、一〇か月かけてスクムルは、ジャワの地に到着した。

その頃西ジャワのパジャジャラン王国は、イスラムを信奉するジャカルタの支配者にすでに滅ぼされていた。パジャジャラン王女の一人は、山岳地域に逃げ、そこで聖者と結婚し、一人の娘をもうけた。この娘はたいへん美しく、ジャカルタの支配者は彼女を娶ろうとした。しかし、彼女の子宮から発する炎のため、叶わなかったという。そこで彼女は、ジャカルタ王によってスクムルに売り払われた。スクムルは彼女をスペインに連れ帰り、やがて二人の間にジャンクンが生まれた。

ジャンクンは成長すると、母の出身地はどこかと尋ねた。母親は、出身がパジャジャランであり、その王国はムスリムのジャカルタ王によって滅ぼされたことを打ち明けた。そのためジャンクンは、ジャカルタ王を討つべく、ジャワに出発した。ジャカルタに到着したジャンクンは、ジャカルタ王と戦い、激戦の末にジャカルタ王はジャンクンにジャカルタを譲らざるをえなかった。王は南部の山岳地に退き、そこで彼が惚れたパジャジャラン王女の娘のことを思い出し、悲嘆にくれたという。

以上が、オランダ人がジャカルタに拠点を築くこととなった経緯の語りである。マブキット・アムビンがオランダのいかなる場所を指しているか明らかでないが、オランダとスペインとの関係やオランダ東インド会社の設立、さらにはジャンクンがジャカルタにやってきたいきさつが、語られている。史実としてオランダはスペインと戦ってその支配から独立したが、それをスルタン王家は、オランダがスペインを制圧したと観念したのだろう。

なおジャンクンの父親が貝の中から生まれ、一方母親の子宮から炎が発せられたことは、

図2-12　クーン
出典：Abeyasekere, 1987

図2-13　バタヴィアの総督とユーラシアンの妻　出典：Taylor, 1983

彼の両親が通常の人間を超えた存在であったことを示している。ジャワ人の権力観念によると、子宮から炎を発する女性は、強力な霊力の持ち主とされた(Anderson 1972)。その女性と和合できたスクムルは、強い力の持ち主となる。彼らを両親とするジャンクンが、ジャカルタ王を制したのは当然であった。

このジャンクンとは、バタヴィアにオランダ東インド会社が拠点を確立し、またマタラム軍の侵攻からバタヴィアを防衛した総督ヤン・ピーテルスゾーン・クーン(在位一六一九～二三年、一六二七～二九年)その人である、とスルタン王家はみなした。マタラム王家の『ジャワ国縁起』は、パジャジャランからマジャパヒト、デゥマク、パジャン、マタラムへと至る王家の系譜をとおして、マタラム王家がパジャジャラン王家と血縁関係にあるとする。スルタン王家は、オランダ人総督ヤン・ピーテルスゾーン・クーンがマタラム王家の親族であり、彼の兄弟はマタラムの台頭を助けた人々であり、ジャワにおけるオランダ人の存在は正当なものであると、一九世紀初めまでみなしていたのである。

オランダがジャワの諸王家との共存政策をとるなかで、ジャワ人の側でこうした見解が形成されたのだ。オランダのジャワ支配は、スルタン王家だけでなく、他の王家や宮廷有力者も同様に受け容れていたであろう。そうしたなかで外来者とつながる現地人女性が、オランダ人と現地勢力を互恵的な関係に導いたとみなしたのである。

第三章

近世後期の東南アジア社会

――現地人首長とヨーロッパ勢力

一八～一九世紀前半の東南アジアは、王朝の交代や戦乱、ヨーロッパ勢力の拡大により、衰退状態にあったと従来みなされがちであった。これに対し近年の研究は、清朝の隆盛により、東南アジアは生産活動や商業活動を活性化させ、東西世界をつなぐアクティブな役割を担ったことが明らかになっている（桜井二〇〇一、Lieberman 2003）。この時期、東南アジアは人口を増やし、諸王国が隆盛した。他方でオランダがジャワ島やスマトラ島で、スペインがフィリピンで勢力圏を拡大し、イギリスが海峡植民地に拠点を構えたのも、この時期であった。多様な外来者が活動を拡大した東南アジアで、彼らと家族形成をした現地人女性やその子孫は、社会統合において従来以上に重要な役割を担った。

本章では、前半に近世後期（一八～一九世紀前半）の東南アジアの政治・経済・社会の動向を検討し、後半でそうしたなかで形成されたヨーロッパ勢力と在地勢力の複合的な関係について見てみたい。

1　清朝の隆盛と東南アジアの経済活動の活性化

✝東南アジア大陸部の王朝の交代

「交易の時代」は、前章で述べたように一七世紀終わりに終焉を迎えた。しかし、東アジアにおける政情の安定とともに、清朝社会は経済的発展をとげ、東南アジアの米や海産物、香辛料、森林産物、錫などを大量に買い付け始めた。

一八世紀初め以降、雲南からやってくる中国商人が、ビルマで綿花や森林生産物などを買い付け、ビルマ経済は活性化した。またアユタヤでは、中国への米や森林生産物の輸出が増加した。一八世紀中葉から一九世紀前半の東南アジアの王国にとって、中国貿易は重要な意義を有した。

この時期、ビルマではタウングー朝（アヴァ朝）が一七五二年に滅亡し、代わってコンバウン朝（一七五二～一八八五年）が成立した。コンバウン朝はシャムに侵入し、アユタヤ朝を一七六七年滅ぼし、捕虜をエーヤーワディ川中央平原に連行した。コンバウン朝は、彼らを活用して農業生産を高め、中国貿易に重要な綿花の栽培を進展させた。

図3-1　復元されたコンバウン朝王宮の入り口

一方、シャムではその後タークシンがビルマ軍を退け、対中国貿易に便利なチャオプラヤー川河口近くのトンブリーを拠点に新たな王朝を開いた。しかし、その後タークシンは奇行が目立ち始め、彼の武将だったチャクリが、タークシンから政権を簒奪し、一七八二年にバンコクを首都とするラタナコーシン朝（チャクリ朝）を樹立し、ラーマ一世として即位する。バンコクは、チャオプラヤー川流域で生産された米を集荷し、年間一〇〇隻以上の中国船が訪れる港となった。

また南北に勢力が分立していたベトナムでも、統一政権が樹立された。南進を展開した広南阮朝に対し、不満を有した地方有力者や流民たちが集結して、一七七三年に西山党の乱が生じた。西山党《たいそんとう》の乱は、阮朝さらに北ベトナムの鄭氏を滅ぼし、リーダーの阮文恵は一七九〇年に清朝より、安南国王に封ぜられた。これに対し、広南阮氏の一族であった阮《げん》福暎《ふくえい》は、シャムのラーマ一世とフランス人宣教師ピニョー、さらに華人勢力に支えられ、西山党勢力を破り、南北ベトナムを統一する。一八〇二年に彼は、フエで嘉隆帝《ザーロン》として即位した。同時に清朝に使節を派遣し、一八〇四年に嘉隆は越南国王として認められた。ベトナムも、メコンデルタの米の中国への輸出に熱心になった。

中国との交易の発展は、島嶼部の経済も活性化させた。この結果一八世紀には、東西交易の中継港としてパレンバン王国とジョホール・リアウ王国（図1－5参照）が隆盛する。パレンバンは、ムシ川上流部で生産された胡椒とバンカ島の錫を中国やヨーロッパに輸出した。これによりオランダ人やイギリス人をはじめ中国人やアラブ人、域内交易を担っていたブギス人を引きつけた。またジョホール・リアウ王国の王位を一六九九年に簒奪し、その後ビンタン島に拠点を構えたジョホール・リアウ王国では、胡椒や檳榔の実をかむために添えるガンビールに加え、ブギス人のもたらす東部インドネシアの産品やマレー半島の錫、海上民のもたらす海産物が、中国向けの重要な商品となった。イギリス人カントリー・トレーダー（イギリス東インド会社からアジア域内貿易を許された私貿易商人）は、労働者向けのアヘンや王国に必要な武器をもたらした。ブギス人やイギリス人をはじめ、中国人やインド系ムスリム、アラブ人がリアウに寄港し、一八世紀後半に王国は全盛期を迎えた。

こうした経済活動に華人も多数参入した。バンカ島の錫鉱山の開発をはじめ、ジョホール・リアウ王国の胡椒やガンビール栽培は、華人労働者が主に担った。また次節で述べるように、バタヴィア周辺の砂糖農園や製糖所に多数の華人が参入したほか、一八世紀中葉にカリマンタン西部で金鉱が発見されると、サンバスやポンティアナクで華人による鉱山開発が進展した。

図3－2　開港当時のマニラ港　出典：池端、1999

中部ジャワのジョクジャカルタとスラカルタの王国も、一八世紀後半に政情が落ち着くと、先に述べたように、未開墾地の開発を進展させた。中部ジャワではサトウキビ栽培が展開し、華人労働者が製糖業を担った。王家はまた、華人に徴税業務を請け負わせた。ジョクジャカルタとスラカルタの王家には、一八世紀後半からナポレオン戦争のためイギリス軍がジャワを占領する一八一一年までが、王国の全盛期であった。

またフィリピン南部のスールー諸島のホロ島を拠点としたスールー王国も、中国に近い利点を活かし一八世紀の後半から一九世紀前半にかけて、ナマコなどの中国向け海産物の輸出で栄えた。スールーは、イギリスにとって、中国貿易のための不可欠な集荷市場となった。一八世紀終わりからカントリー・トレーダーは、この地にアヘンや武器弾薬、綿布をもたらし、交換に中国向けの海産物や森林生産物を買い付けた。またブギス人は、オランダの交易独占をくぐり抜けて香辛料や火薬をもたらした。持ち込まれた武器や弾薬、火薬を活用してスールー王国は、海産物を集荷する人的資源を獲得するために、東部インドネシアやマラッカ海峡周辺で奴隷狩りを行った（Warren 1981）。

またスペインの植民地支配下にあったフィリピンのルソン島では、マニラ周辺で中国向けの米の栽培が盛んになる。スペイン領フィリピンの植民地経営は、メキシコのアカプルコから中南米の銀をマニラに運び、中国の絹織物を入手するガレオン貿易によって支えられていた。スペイン政庁は、スペイン人や現地人の利益を守るために、一八世紀後半に中国商人をフィリピンから追放した。フィリピンの商業活動を担ったのは、現地人と家族形成しカトリックに改宗した中国系メスティーソ（中国人とフィリピン原住民の間の子孫）であった。

一方、一八世紀の後半からイギリスのカントリー・トレーダーの活動により、フィリピンではスペインの独占交易が困難となり、一八一五年を最後に、ガレオン貿易は終焉を迎えた。一八三四年にマニラは、関税のかからない自由港として開港されたが、スペイン政庁は再び中国人移民を受け入れる政策をとり、中国商人がフィリピンの地方経済に進出した。このため中国系メスティーソは、高利貸しや土地所有に転進した。

†イギリスの海峡植民地形成

こうして活性化した中国との交易に、インドを拠点としたイギリスが参入し、マラッカ海峡に拠点を設けようとした。一七八六年フランシス・ライトは、ラタナコーシン朝に対抗しようとしたクダーのスルタンに接近し、ペナン島を獲得した。イギリスは、ヨーロッパにおけるフランス革命の影響がオランダに及ぶと、一七九五年にオランダ領のムラカとスマトラのパダンを、一八一一〜一六年にはジャワも占領した。その後ジャワはオランダに返還され、イギリスは一八一九年にスマトラからも撤退したが、同年シンガポールを領有した。イギリスはペナン・ムラカ・シンガポールを海峡植民地とし、自由港とした。とりわけ、東西海洋交通路の要衝に位置したシンガポールは、東南アジアの船舶や中国からのジャンク船、さらにインドからのカントリー・トレーダーを引きつけた。

スマトラでは、ペナンやシンガポールの開港により、経済活動が一層活性化した。スマトラ島中央部のミナンカバウでは、胡椒やガンビールさらにコーヒーの栽培が盛んになった。これらの産物は、東岸のシアクに運ばれ、そこから海峡植民地にもたらされた。またアチェでは胡椒栽培が盛んになり、一八二四年には全世界の胡椒供給の半分（約九〇〇〇トン）を生産した。アチェの胡椒は、アメリカ船やイギリス船によって、アメリカ、中国、ヨーロッパに輸出された。またインドからアチェに、インド人商人やカントリー・トレーダーによって、綿布やアヘン、武器などがもたらされた。

シンガポールの開港は、スマトラ島だけでなく、バンコクやマレー半島のトルンガヌ、カリマンタンのポンティアナク、ベトナム、カンボジア、マニラ、バリ島、ブルネイなどの東南アジアの諸地域との交易活動を活性化させた。バタヴィアに寄港していたジャンク船の多くが、シンガポールを訪れるようになったのだ。これにより東南アジア現地人勢力とヨーロッパ勢力が、対中国貿易が活性化するなかで隆盛する状況を呈した。

†王国の統合と宮廷文化の成熟

経済活動の活性化は、東南アジアの諸地域で宗教や文化を成熟させた。大陸部のビルマ、シャム、ベトナムの諸王国は、今日のミャンマー、タイ、ベトナムの基盤となる領域に影響力を行使し、王国の統合を進展させた。

ビルマでは、清朝やシャムとの抗争を抱えながら、アラカンを制したコンバウン朝のボードパヤー王（在位一七八二〜一八一九年）が、新都アマラプーラで毎年王族、官僚、地方領主らを王宮に集め、国王に忠誠を誓わせる謁見式を行ったり、王は、仏典にある始耕祭を開催し、仏教的理想王を自認した。またボードパヤーは、地方領主に戸籍台帳や徴税額の調書を提出させ、領民の把握に努めた。さらに全国に存在する寺社への寄進碑文の収集・点検をおこなわせ、寺領やサンガ（僧院）の保護と浄化をはかった。

次王バジドー（在位一八一九〜三七年）は、エーヤーワディ川流域における王権の正統性を明確化するため、欽定年代記（『玻璃王宮大御年年代記』一八三二年）を編纂させ、王統の始祖を、インドから渡来した釈迦《しゃか》族によってエーヤーワディ川上流域に建てられたダガウン王国とする、建国神話が誕生した（伊東一九九九）。

またチャクリ朝のラーマ一世も、仏教を復興させて新国家の精神的支柱としようとした。ラーマ一世は、一七八八年に二五〇名にのぼる学者と学僧を集め、パーリ語三蔵経を公定した「第九次結集」を後援し、仏教の興隆につとめ、一八〇五年にはアユタヤ朝滅亡以来散逸した仏典の諸本を収集し校定作業を行い、『三印法典』と呼ばれる成文法を完成し、司法の基礎を確立した。また、アユタヤに開花したシャム朝の再来をめざし、アユタヤの王統記を編纂するとともに、大規模な王室儀礼を行い、王国統合の強化をはかる。

また宮廷を中心に文芸が栄えた。『ラーマーヤナ』のタイ語訳『ラーマキエン』が、一七九八年に完成した。主人公のラーマを神の化身とみるこの大叙事詩は、神王思想の基礎となった。また中国文学作品の『三国志演義』もタイ語に翻訳され、『サームコック』となり、タイ人の間で親しまれた。そのほか、タイに伝わっていた、東部ジャワに起源をもつジャンガラの王子が、誘拐された許嫁を捜して敵と戦った末、彼女と結ばれる『パンジ物語』のタイ語の改訂版や、モン語の年代記の翻訳編集、パーリ語の仏教文学の翻案やスリランカの王統記のタイ語訳が完成したのも、ラーマ一世の時代であった（石井一九九九）。多様な人々を抱えた都市において、こうした作品は社会統合を進展させる役割を担う。

南北ベトナムの統一を達成した阮朝は、儒教を王国統合の原理として重視した。嘉隆帝は、科挙を復活させ、最初の十年間は、この制度に馴染んでいる北ベトナムでのみ科挙試験を行ったが、その後、中部と南部ベトナムにも拡大した。第二代の明命《ミンマン》帝は、「南北一家」を掲げ、北部ベトナムの人々とともに、南部の優れた人材も積極的に官吏として登用しようとした。また人頭税と兵役の負担者を把握するために、嘉隆帝と明命帝の時代、諸地方からその台帳となる人丁冊籍を一八二〇年まで毎年提出させた。また田税徴収を確実にするため、田土の測量と土地台帳作成が行われ、一八二〇年代まで毎年諸地方に田土冊籍を提出させた。こうしてフエを中心に王国の統合がはかられ、明命帝は、嘉隆帝が清朝から授けられた「越南」の呼称を、国内では南へのさらなる勢力拡大を示唆する「大南」に代え、中国に朝貢しながら相対的な独立性を表明した（桜井一九九九、嶋尾二〇〇一）。

†ムスリム支配者とアラブ人宗教家

大陸部の諸国家が仏教や儒教をもとに王権を強化していた頃、島嶼部ではイスラム信仰が深化した。多様な交易者を抱えた港市では、王権の高揚をはかりイスラム法の適切な運用をはかるために、アラブ出身の宗教家を多数逗留させた。また東南アジアからのメッカ巡礼者も増えた。

一八世紀に東西商人を引きつけ隆盛したパレンバンは、その代表である。パレンバンのスルタン・マフムード・バッダルディン(在位一七二四〜五七年)は、イスラムを熱心に信奉し、ムハンマドの末裔を意味するサイイドを名乗るアラブ人宗教家を多数受け入れる。彼らは宮廷で活動し、当時アラブで評判の高かった宗教家の伝記や教義書のマレー語訳につとめた。

またパレンバンからのメッカ巡礼も盛んになった。巡礼者の中にはメッカに長期滞在する者があり、当時アラブにおいて評判の高かったサンマーニヤ神秘主義教団の祖ムハンマド・サンマーニーに師事したアブドゥル・サマドは、その一人であった。アブドゥル・サマドは、神の絶対性と普遍性を強調し、イスラム法の遵守と神への信仰の浄化を説いた。彼の教えは、東南アジアムスリムのメッカ巡礼者ネットワークをとおして、パレンバンのみならず、ジャワやマレー半島やカリマンタン出身の宗教家にも影響を与えた（Andaya 1993: 220, 241）。

また同じく東西商人を引きつけたリアウにも、サイイドや「族長」を意味するシャイフを名乗るアラブ出身者が一八世紀後半に多数滞在した。ここでもサンマーニヤとナクシュバンディヤ神秘主義教団の活動が盛んになった。とりわけ王国を実質的に支えたブギス人は熱心なムスリムとなった。

その他、アチェやシアク、ポンティアナクなどの港市では、アラブ人の血縁者がスルタンに就くという現象が生じた。アチェでは、一七世紀後半の四代の女性スルタンの即位に疑問を唱えた反対派の宮廷高官が、メッカの法学者にその是非を尋ねる手紙を送った。その結果スルタンは男性であるべきとの判断がなされ、一六九九年にアラブ出身の男性スルタンがアチェで即位した。

図3－3　現在のパレンバン

一八世紀になると南アラビアのハドラマウト出身の

アラブ人が、東南アジアにおいて宗教活動や商業に重要な役割を果たし始め、港市支配者の間でも、王室の一族とサイイドを名乗るアラブ人血縁者との婚姻が進められた。その結果、ハドラマウト出身の父とカリマンタン王族の女性を母としたサイイド・アブドゥル・ラーマンは、一七七二年にポンティアナクのスルタンとなった。また一七九一年にはスマトラ東岸のシアクでも、ハドラマウト出身者の子孫でシアク王女を母とするサイイド・アリが、その地のスルタンとなった。

こうしたムスリム支配層の動きは、港市における非ムスリムの活動を必ずしも制限するものでなく、オランダ人やイギリス人らの港市における活動も、支配者から保障されていた。パレンバンのスルタンにとりオランダ人は、重要な交易相手であり、東インド会社の船でパレンバンからのメッカ巡礼者を運んでくれる存在であった。またリアウ王国にとって、武器やアヘンをもたらしてくれるイギリス人カントリー・トレーダーが重要であったことは、言うまでもない。ムスリム同士でも、関係する神秘主義教団や出身地が多様であり、王国でのイスラム法の適用は、きわめて柔軟でなければならなかった。正統イスラムの信奉者とみなされるアラブ出身者が重視されたのは、こうしたコンテクストであった。

2　社会統合と女性

†近世後期の宮廷女性

一八世紀中葉から進展した農園や鉱山開発さらに商品作物栽培や海産物採取は、従来よりも規模が大きくなり、華人や奴隷も含めた多数の男性労働者を必要とした。また、長距離国際交易活動で華人やヨーロッパ人の数が増え、ベンガル湾海域にネットワークを形成した南インドのムスリム商人チュリアやヒンドゥー商人チェティアも、活動を活性化させた（重松二〇一九：二四六―二五五）。彼ら外来商人は、男系相続の原理を有し、男性相手のビジネスを重視した。加えて上座部仏教や儒教、キリスト教、イスラムは、男性王権の正統性を後押しする。先に述べたように、アチェでは女性スルタンに代わり、男性スルタンが即位した。一八世紀以降、東南アジアで女王が君臨した王国はわずかであった。

また有力者の娘が外来者と交流することにも、女性の貞淑さを重視する上の諸宗教の影響があった。一七世紀までは外来ヨーロッパ人男性と一時結婚することに熱心だったベトナム人高官も、一八世紀にはそうした結婚に消極的になった。ジャワ人貴族の間でも、娘は結婚するまで外出しない婚前閉居の慣習が一般化した。またフィリピン南部のミンダナオ島では、外来者が来航すると女性が比較的自由に交流できたのが、イスラム信仰の深化とともに高貴な出自の女性はそれを控えるようになった。

ただしこのことは、女性が経済活動を後退させたことを必ずしも意味しない。長距離交易を補完する地元の商業活動で、彼女らは相変わらず重要な役割を担った。宮廷では一八世紀以降も、有力者の娘達や彼女らが連れてきた女性が、支配者の周りに多数参内しており、王母や王妃をはじめ影響力を蓄えた宮廷女性は、宮廷外の商業活動に携わった。とりわけ男性が戦乱で動員された時期には、彼女らが前面に出た。一八世紀後半の西山党の反乱期のベトナムでは、村落共有田の公田が宮廷女性も含めて再分配され、なかでも阮朝と鄭朝の有力女性は広大な土地を集積した。また一八二三年にスマトラ東海岸を訪れたイギリス東インド会社職員のアンダーソンは、デリ周辺のブル・チナのスルタンの妹が、輿入れ先のランカット王家から離縁され、それが原因となり両王国間で戦争が起こると、彼女がブル・チナでペナンとの大規模な胡椒交易に携わっていたことを記している。その他、サトウキビ栽培や製糖が展開していた中部ジャワでは、一八世紀終わりから一九世紀初めのジョクジャカルタのスルタンの第二王妃が、広大な農園を有し、代理人をとおして現地耕作者に米作と綿花栽培にあたらせ、産物を商わせた（Andaya 2006: 187; Anderson 1826:

74-75)。

支配者が外来者との交流に、宮廷女性をあてることも、同様であった。王宮は舞踊者や歌手・詩人の女性を抱え、彼女らは外来者の接待役となった。彼女らのなかで外国語に堪能な者は、交易にも関わった。アンダーソンが一八二三年にデリを訪れたとき、彼を案内したのは宮廷詩人で語り部のチュ・ラウトという老女で、中国語、シャム語、チュリア語、ベンガル語を解し、デリの港務長官を補佐していた。また一八世紀前半にバンテンの王妃となったラトゥ・シャリファ・ファーティマはオランダ語を解し、バタヴィアの高官と接触し、彼らの信任を得た。その結果、一七四八年には夫を廃し、自らをバンテン王国の支配者としてオランダに認めさせ、オランダも、彼女のもとで胡椒取引が増大したことに満足していた。ただし一族を重用した彼女の支配は、内陸胡椒産地の住民の不満を招き、結局彼女は廃

図3－4　踊り子　出典：Abeyasekere, 1987

位させられた（太田二〇一四：一二九―一四三）。

そのほか王の親族女性は、しばしばイスラム学者や上座部仏教徒の活動を支援し、宗教書の作成や寺院建立を支援した。宗教活動の利益が、支援者に還元されたことは言うまでもない。また宮廷の舞踊者や歌手・詩人は、物語の語り部でもあった。彼女らの親族や同郷者のつながりをとおして、地域の芸能や物語を宮廷にもたらし、また宮廷のそれらを諸地域に広めた。先に紹介した『ラーマーヤナ』や『三国志演義』のタイ語訳をはじめ、『パンジ物語』のタイ語訳改訂版がバンコクで作成されたのも、こうした背景による。女性の経済活動の自律性が高かった以前と比し、宮廷女性は支配者や男性高官、宗教家と協働しつつ、社会経済活動に携わった。

†華人とニャイ

東南アジアの一般の女性や女奴隷は、相変わらず市場での商業活動を担い、外来者とも交流した。外来者の多くも以前と同様、現地人女性や女奴隷と家族形成した。

バタヴィアに拠点を構えたときからオランダは、アジア間交易を発展させるため、寄港する華人船の関税を半額にし、彼らの関心を引こうとした。一七世紀中葉以降、ジャワで砂糖栽培が展開し始めると砂糖農園や精糖所で働く華人が増え、一八世紀初めには、バタヴィアの華人の人口は一万人を超えていた。オランダは彼らのなかから、カピタン（首領）とライテナント（副首領）を任命し、華人の取り締まりや裁判、徴税を委ねた。しかし、華人移住者はその後も増え、移住者として登録されない「不法滞在者」が増えて、カピタンとライテナント制度では対応が難しくなった。

図3－5　1740年以前に存在した華人の寺院
出典：Heuken, 2000

バタヴィアの治安は悪化した。バタヴィアでは少数派のヨーロッパ人の間で、彼らが華人に包囲され、皆殺しにされるという噂が流れ始めた。噂を気にしたオランダが、一七四〇年一〇月九日に華人居住区に立ち入り調査をした。そのとき一軒の家に大火が起こり、それを華人の総決起の合図と誤解したオランダ人は、九日と翌一〇日に華人を手当たり次第殺戮した。およそ一万人の華人が殺戮されたと推定されている（Blussé 1988: 95）。

その後中国からやってくる華人は、ジャワを避けマラッカ海峡域に赴く者が増えた。また一八世紀後半より、西カリマンタンで金鉱山開発に従事する華人も増えた。それでも一九世紀初めまで、バタヴィアにおいて人口に占める割合は、奴隷とともに華人が多かった。総人口が四万七二一七人となった一八一五年の統計でも、ヨーロッパ人は二〇二八人、華人系住民は一万一二四九人、奴隷が一万四二三九人となっている（Raffles 1988: 89–91）。有力華人は、商業活動に携わるとともに、一八〇九年以降アヘンの販売やギャンブル場の運営をオランダ政庁より請け負った。バタヴィア以外の地で農園や鉱山を運営した華人も、同様である。彼らは、経済面で現地人や華人労働者と植民地支配者との仲介役となった。

こうした華人の家事を司ったのは、前章にも登場したニャイであった。一八世紀終わりにバタヴィアにやってきた王大海《おうたいかい》は、この地に根を張り使用人や奴隷を差配して家事を切り盛りするニャイに、華人男性は逆らえないことを記した（Ong-Tae-Hae 1849: 16–17）。彼らはニャイに色々な面で頼らざるを得ず、その一例が風土病への対処だった。そもそもバタヴィアにやってきた外来者は、一七世紀・一八世紀に多くが風土病で命を落とした。ジョーンズの研究によれば、一七三三年以降バタヴィアにやってきたヨーロッパ人の約半数が、到着後六か月以内に死亡している（Jones 2010: 35）。バタヴィアの養魚池にわいたマラリア蚊が、その大きな原因の一つと考えられている。華人についてはデータが残されてないが、ほぼ同様であろう。外来者は、風通しのいい環境作りやその治療のために、現地人女性の生活の知恵に頼らざるを得なかった。

ニャイは宮廷女性と異なり、比較的高い経済的自律性を保持した。西カリマンタンで華人と家族形成した女性やその娘は、地元のダヤク人との仲介役となる。彼女らは、金の採集とともに金鉱脈の発掘にも関与できる自由を有した。また交易活動に携わった華人はしばしば家を留守にしたが、その品物を店で販売したのは、彼女たちであった（Heidhues 2003: 34-35）。バタヴィアの女性も同様であった。富裕な華人のニャイは自ら女奴隷を持ち、日よけ傘やうちわ、檳榔の実とそれをかむためのきんまの葉を入れたシリ箱を持たせて外出した。彼女らは清朝の纏足《てんそく》と無縁で、夫と手をつないで歩き、肩を寄せ合って椅子に座った。王にはそれらが公衆道徳の退廃と映ったが、こうしたニャイと確執を持つことは、男にとって容易でなかった。性比に偏りがあるなかで、ニャイに逆らうと、食事に毒を盛られると恐れられていたからである。

†バタヴィアの社会統合とニャイ

またニャイは、呪術や病気の治療に欠かせなかった。一八世紀初めにバタヴィアに寄港したハミルトンは、知人のイギリス人をめぐる興味深い話を記録している。それによると、その知人は一七〇三年にカリマンタン島からその人物が船長を務める船でバタヴィアに帰る途中、航路を誤りフローレス島に到着した（図1－5参照）。その島で島民より借りた一〇〇ポンドを船員が返せなくなり、半額の返却で話をつけ、再出発した。しかし、島の一老女がそれを認めず、船長に魔術をかけたという。船長は体調を崩し、バタヴィアに着いたときには、ハミルトンの支えなしでは、歩けないほど重体で、同じくフローレス島出身のバタヴィアのニャイの家に運ばれた。事の次第を聞いた彼女は、魔術を解くために紙切れと旗布切れを用意し、船長にそれをまたがせた。すると一か月後に、彼は回復したという（Hamilton 1930: 73-74）。

家族に病人がでると、ニャイは呪医に相談し、草木から薬を調合した。前に触れたように、呪術は主に女性が司った。いま述べたハミルトンの記録は、このニャイが同時に呪医であったことを示している。

バタヴィアにはヨーロッパ人や華人をはじめ、アラブ人、マレー人、ブギス人、バリ人など多彩な出身地の人々が居住した。こうした多様な住民を抱える都市の社会統合において、ニャイは重要な役割を担う。外来系住民の居住区はそれぞれ割り当てられたが、マレー語を母語とする彼らの妻たちは、市場や娯楽場で交流した。さらに夫の死去や他地域への移動により、ニャイは次の夫を持つことも珍しくなく、民族集団間を往来した。バタヴィアのニャイは、一八一六年の統計によると、ヨーロッパ人と華人を除く民族集団の奴隷所有者五九六名のうち九八名を占め、比較的裕福であることがわかる（Abeyasekere 1983: 296-304）。広い部屋を持つユーラシアンの家では、インドネシア人のニャイも交え、女性達がしばしば中国式カードゲームに興じた。

図３－６　使用人を差配するバタヴィアのニャイ
出典：Heuken, 2000

一九世紀になるとバタヴィアは、一八一一～一六年にナポレオン戦争の影響で一時イギリスに支配されたが、それを除き政治的に比較的安定していた。他地域からバタヴィアへの移住は、のちに述べるオランダが課した強制栽培制度が終了する一八七〇年まで、政庁により規制された。

こうした状況下でニャイは、諸集団の文化交流に寄与した。バタヴィアではアヘン請負を担う華人や依頼したヨーロッパ人の邸宅で、関係者をはじめ地元の有力者が招かれ、祝宴が持たれたが、ヨーロッパ人ホストが、インドネシア人女性の踊り子集団を呼ぶのが一般的だった。また華人宅では、女性の演じる中国風影絵芝居がしばしば催された。踊り子も影絵芝居役者も女奴隷で、それらの差配はニャイを含め女主人が行った。その他、華人の新年の祝祭には、インドネシア人もヨーロッパ人も参加し、中国風獅子舞をはじめポルトガル風ダンス、インドネシア人歌手団の歌唱、ユーラシアンによるクロンチョン音楽の演奏などが持たれた（Abeyasekere 1987: 75-80）。一九世紀終わりまでバタヴィアでの祝祭には、エスニック集団を超えて多様な人々が参加した。

†近世後期の食人の語りと女性

一八世紀には移住者が東南アジアのフロンティア空間に参入し、現地人女性と通婚するなかで、食人の語りにも変化が生じていた。かつて肝の採集譚が広まっていたチャンパーは、一六九二年に広南阮氏に併合され、ベトナム人はチャンパーの内陸部に進出した。さらに一七世紀末以降、メコン川流域に華人が入植し始めた。ベトナム人や華人が現地の女性と家族形成し、地域の文化や信仰を取り込みつつ活動を拡大するなかで、肝をめぐる奇習話は意味をなくした。また西カリマンタンに入植した華人も、先に述べたように、ダヤク人女性と通婚し、鉱山開発をとおしてダヤク人との交流と棲み分けを進めた。こうしたなかで、食人の話も後退していった。

一方、人喰い話が相変わらず語られた場合もある。一八世紀後半以降の経済活動の活性化は、華人の東南アジアへの参入を招くとともに、農園や鉱山開発さらには森林生産物や海産物の採取のために労働力を必要とした。これに伴う奴隷需要の増大は、従来の慣行では対応できにくい事態を生んだ。

海峡植民地を形成しようとしていたイギリスは、奴隷を必要とした。アンダーソンは、一八二三年に北スマトラの東海岸を訪れ、アサハンから毎年三〇〇人の非ムスリムのバタック人女奴隷が、ペナンやムラカに運ばれることを記している。彼女らは、主に華人の家内奴隷となった。アンダーソンは、彼女らが新天地で出身地より豊かな生活を送れるため、故郷に帰ろうとしないと述べている。イギリス本国は既に一八〇七年に奴隷貿易を禁じたが、アンダーソンはこの地域で奴隷制をなくすことは、博愛と人道精神に反することになろうと語る（Anderson 1826: 298）。

海峡植民地の成立とともに、シンガポール島やマレー半島での商品作物栽培や錫鉱山の開発は進展し、労働力には主に華人があてられた。マレー半島の錫の主要産地であったペラでは、一八六〇年代に華人の人口が二万～二万五〇〇〇人となり、セランゴールでも一八七一年代には華人人口が一万二〇〇〇人となった。これに対して、アサハンから海峡植民地に搬出されるバタック人奴隷の数も増え、一八六〇年代には数千人の奴隷が送られていた（Schadee 1918: 129–130）。それを司ったのは、華人商人であった。北スマトラ以外からも、バリ人やスラウェシさらにシャム人やビルマ人などの非ムスリム奴隷が、海峡植民地に送られたと推測される。

Batta Warrior from Seantar; a Cannibal

図3－7　バタック人　出典：Anderson, 1826

こうした奴隷需要に刺激されて、北スマトラではバタック人を誘拐する奴隷狩りや、そのための戦争がバタック人の間でも頻発した。そして彼らは、奴隷狩りを警戒するなかで、外来者に対して人喰いの語りを強めた。先に述べたアンダーソンは、スマトラ東海岸の商業活動の調査のため、デリとバトゥバラを訪問したのち、ヨーロッパ人として初めて、アサハン川河口から、中流域にある内陸産物の集散地ムントゥパネイを訪れた。彼を迎えたその地の首長はバタック人で、アンダーソンによると周辺二〇村に影響力を行使していた。沿岸マレー地域と内陸バタック地域を往来したこの首長は、流暢なマレー語でアンダーソンと会話した。

首長は、人喰いについて知りたがるアンダーソンに、彼の影響下にあった村で六日前に食されたという戦争捕虜の頭蓋骨を、臣下に命じて運び込ませた。アンダーソンは、その犠牲者が五分ほどで食べ尽くされたことを聞かされ、その頭蓋骨をみて強い衝撃を受けたことを記している（Anderson 1826: 147-148）。奴隷狩りを防ぐための港市支配者の役割が機能しなくなるなかで、バタック人首長自身が食人の実態を提示したのだった。

そのほか、一六世紀には人喰い話が流布していたマルク諸島や東部インドネシアでは、一八～一九世紀前半にはオランダが主要拠点を掌握していたが、ブギス人らによる「密貿易」が盛んになり、またスールー王国による奴隷狩りはこの地域でも展開した。こうした状況下、女性の呪術も盛んになり、人喰い話も開花したであろう。しかし、そのインパクトは疑わしく、ヨーロッパ人には「海賊」の横行が主要関心となっていた。

北スマトラや東部インドネシアでは、内陸部や島々を巻き込んで、奴隷狩りやヨーロッパ人が「密貿易」とみなす活動が拡大していた。こうしたなかで現地人有力者は、住民を守るためにせよ、「密貿易」に関わるためにせよ、権力の増強が求められていたのである。

3　海峡植民地と海賊

†ラッフルズの自由主義プロジェクト

東南アジアに参入したヨーロッパ勢力は、一九世紀になると勢力を拡大する。しかし、その過程で、在地勢力といかに互恵的関係を形成するかは、重要な課題となった。現地勢力も、上述のように権力増強が求められていたのだ。地域住民と緊密な関係をもつ彼らを軽視して植民地運営すると、手痛いしっぺ返しを受けた。シンガポールを開港したラッフルズの活動や次節のジャワの事例は、これを理解するための興味深い材料を提供している。

ラッフルズ（一七八一～一八二六年）は、一七九五年にイギリス東インド会社の職員となり、一八〇五年にペナンに赴任した。彼は、アダム＝スミスの自由主義経済論の信奉者であった。彼がペナンにいた時期は、ナポレオン戦争中であった。フランス革命の余波を受けて、フランス革命軍がオランダに侵入し、一七九五年バタ―フ共和国を成立させた。イギリスはフランスに対抗するため、一七九五年にその勢力下にあったオランダ領ムラカを占領した。東南アジアにおけるイギリス植民地支配の将来計画を構想しつつあったラッフルズは、ムラカのオランダ要塞を破壊・放棄しようとした東インド会社首脳部に対し、この地の重要性を説き、これを中止させた。

ラッフルズは、さらにジャワに着目した。バターフ共和国のもとで一七九九年にオランダ東インド会社は解散させられ、その支配地はオランダの植民地となった。ヨーロッパでは、一八一〇年にナポレオンがオランダを併合した。ラッフルズは同年インド総督ミントーを訪れ、ジャワの重要性を説き、総督の信頼をえた。ミントーは本国を説得し、ジャワ侵攻の許可を取りつけ、一八一一年八月イギリス軍は一〇〇隻の艦隊を擁し、九月にジャワを占領した。

図3-8　ラッフルズ肖像画
出典：Heuken, 2000

ラッフルズは、一八一一〜一六年にジャワ副総督を務めた。その地で彼は、農民の自由意思による経済活動を重んじ、現地人支配者の権限を制限しようとした。ジャワがオランダに返還されたのち、一八一八年にラッフルズはスマトラのブンクルに移り、一八二四年まで滞在した。この間一八一九年にシンガポールを自由港として開港した。しかし、皮肉なことにこうした自由主義政策の導入は、社会に混乱を引き起こし、その収拾のために、在地権力者の権限を増大させる結果を招く。

†シンガポール建設

ジャワがオランダに返還されたのち、スマトラに移ったラッフルズは、イギリスのアジアにおける海の帝国構想を進展させた。オランダの独占政策を打破するために、東西交通路の要衝にイギリスの拠点を構えようとしたのだ。ラッフルズは、そこでシンガポールに着目した。一八一九年一月二九日、彼はシンガポール島に上陸し、そこにユニオン・ジャックを掲げた。

その領有を正統化するためにラッフルズは、この地域に影響力を行使してきたジョホール・リアウ王国の王位継承に敗れたスルタンの兄トゥンク・フサインと王族のトゥムンゴン（宰相）を担ぎ出し、前者をジョホール王国のスルタンに据えた。イギリスは、シンガポールに商館を建設する代償として、スルタンに年金五〇〇〇スペイン・ドル、トゥムンゴンに三〇〇〇スペイン・ドル支払うこととした。その代わりスルタンとトゥムンゴンは、他の外国と条約を結ぶことや、イギリス以外の国がシンガポールに植民地を持つことを、放棄させられた（Trocki 1979）。

自由港となったシンガポールは、東南アジアの船舶や中国からのジャンク船、さらにインドからのカントリー・トレーダーを引きつけた。ラッフルズによれば、開港後二年半の間にシンガポールに寄港した船舶の総トン数は、一六万一〇〇〇トンを超え、輸出入の見積額は二〇〇〇万ポンドとなったという（信夫一九六八：三四五）。

図3－9　開港直後のシンガポール　出典：池端、1999

自由主義者のラッフルズは、同時にシンガポールでの奴隷貿易を禁止しようとした。しかし、人口過少地帯であった当時の東南アジアで、賃労働者を得ることは容易でなく、その実効性は疑わしい。またラッフルズは、シンガポールにおける賭博やアヘンの吸引、飲酒を禁止しようとする。しかし、こうした慣習を廃絶することはできず、これらをイギリスの管理下で華人に請け負わせる制度を導入せざるを得なかった。シンガポールで胡椒や皮をなめす材料ともなったガンビール栽培がおこなわれ始め、華人労働者が増えてくると、この請負制度から得る収入は、植民地経営上きわめて重要になった。

一八二四年にイギリスとオランダの間でロンドン条約が結ばれ、マラッカ海峡を挟んで両国の勢力圏が決められ、シンガポールとムラカがイギリス領となり、さらにイギリスは一八二六年、ペナンとシンガポールさらにムラカを合わせて海峡植民地とした。一方、スマトラのブンクルはオランダ領となった。ラッフルズは健康を害し、イギリスに帰国し、一八二六年に死去した。彼が開港したシンガポールは、その後も順調に発展をとげ、一八四五年には人口が五万人余、六〇年には八万人余へと増加する。

†シンガポールの発展と海賊

シンガポールの発展は、しかし、地元住民の利益を満足させなかった。シンガポール開港のために担ぎ出されたスルタンは、名目的な地位を保つにすぎなかった。またトゥムンゴンについては、六〇〇〇〜一万人と推定されるマレー人首長や海上民の臣下を養うために、前述の年金だけでは不十分であった。一八二五年に父親のトゥムンゴン・アブドゥル・ラーマンが亡くなったあと、トゥムンゴンとなったイブラヒムは、そこで配下の海上民を使って、航行する船舶に海賊行為をしかけた。

海上民の海賊活動は、シンガポール開港以前から起きていた。しかし、一八三一年ごろより、高度に組織化された襲撃活動が目立ち始める。同年八月の『シンガポール・クロニクル』は、衣服や米や金、錫、宝石、森林生産物などを載せた、シンガポールに拠点をもつブギス人の船団が、二二隻の高速帆船にティンギ島沖で襲われ、うち七隻が略奪されたことを伝えている（"The Piracy" 1850）。翌一八三二年九月には、トルンガヌ王所有の八〇トン積の船が、コーヒー、胡椒、錫などの高価な積荷を載せて、シンガポールを目指していたところ、三〇～四〇隻の高速帆船にティンギ島で襲われた。船長ほか数名の乗組員が殺戮され、積荷が略奪された。また一一月初めにはシンガポールからアヘンや生糸、小型砲を積載したパハン行の小型船が、同じくティンギ島付近で海賊船に襲撃され、積荷が奪われた。三三年には、中国商人の二〇万ドル相当の積荷を運ぶ船団が、パハン沖で高速帆船の襲撃を受け、船団のほとんどが海賊の手に落ちた。

高価な船荷が狙われたことは、この海域での交易活動を熟知した集団がいたことを物語る。イギリス当局は、パハンのみならずリアウ、リンガ、トゥムンゴンが居住するシンガポールのトゥロック・ブランガの集団が、これらの海賊活動に関与したとみなした。商人たちは、シンガポール政庁に海賊の取締りを強く訴えた。しかし、関税も寄港税も徴収しないシンガポールは、財源が限られ、十分な対応ができなかった。

一八三四年と三五年には、シンガポールの近辺でも、海賊が横行した。三四年四月、シンガポール港停泊中のイギリス船が、マレー人の集団に襲われた。同じ四月、シンガポールを出航した米を載せた船舶が、同地を直前に出帆した高速帆船に襲撃された。さらに同月、ムラカからシンガポールに帰還中のイギリスの警備艇までが、二隻の高速帆船に襲撃された。シンガポール近辺で事件が起きたことに、当局の衝撃は大きかった。

翌三五年には、多数の殺傷を伴う襲撃が頻発した。三月に、アヘンなどの高価な商品を積載したトルンガヌ行の船が、イギリス国旗を掲げた高速帆船にシンガポール港を出た直後に襲撃され、二二名が殺戮された。同じ三月、サゴ椰子を積んだ船が、シンガポール沖で七隻の高速帆船の襲撃を受け、一八名が命を落とし、四月、広東発のジャンク船がシンガポールへ向かう途中にティンギ島で五隻の高速帆船に襲われ、三〇名の船員が命を落とした。

イギリスは、海賊による襲撃の報告を受けると、ただちに警備艇を向かわせた。しかし海賊船は、シンガポール付近で略奪を行うと、オランダ領のリアウ・リンガ諸島に逃げ込んだ。イギリスは、リンガのスルタン配下の高速帆船が海賊行為を働いたとして、オランダに抗議したが、それに対しオランダ側は、これらの活動がシンガポールのトゥムンゴンの仕業であると反論した。いずれにせよ、略奪された商品は、リンガのスルタンやトゥロック・ブランガのトゥムンゴンに献上され、その他の品物は、それらの市場でさばかれた。

このため一八三五年にシンガポール知事は、シンガポールを拠点とする海峡植民地やその

図3-10　シンガポール周辺地図

周辺のアジア貿易が、全滅の恐れがあると本国に訴えた（Turnbull 1972: 246）。

†現地人支配者への協力依頼

海賊活動に対処するために、イギリスはインドからも警備艇を派遣した。またイギリスとオランダは、シンガポールのトゥムンゴン、リアウの副王とリンガのスルタンに海賊鎮圧のための協力を持ちかけた。彼らの助力なしには、略奪行為を終息させることができないと判断されたからである。ヨーロッパ勢力に協力することで報酬の増加と権限の拡大をはかろうとしたトゥムンゴンとリアウの副王は、これに応じた。

一八三六年、イギリスの沿岸警備艇は、海賊船を発見すると、シンガポールからオランダ領に入り、ガラン島を攻撃した。二七〇隻の海上民たちは、ガラン島を離れ、トゥロック・ブランガのトゥムンゴンの庇護を求めた。トゥムンゴンは彼らを受け入れ、イギリスもその処置を容認した。以降トゥムンゴンは、海賊鎮圧のために、自らの船舶も巡回させた。イギリスは、スルタン・フサインが逝去した後、一八四一年にイブラヒムをジョホールのトゥムンゴンと正式に認めた（Trocki 1979: 61–84）。

トゥムンゴンは、イギリスとの協力関係を活用して、ヨーロッパ商人をトゥロック・ブランガに招来した。折しも、一八四〇年代はじめに、海底ケーブルの覆いやコルクの原料

図3-11　アヘン吸引者　出典：Trocki, 1990

となるグッタ・プルチャが、ジョホールの内陸部で見つかり、ヨーロッパ諸国に高値で輸出され始めた。トゥムンゴン配下の海上民たちは、採集されたグッタ・プルチャを河川と海上を経由してシンガポールに運んだ。またシンガポールとジョホールで、トゥムンゴンは胡椒とガンビールの栽培にも着手した。こののちトゥムンゴンの子孫は、正式にジョホールのスルタンとしてイギリスに認められるに至った。

さらにシンガポールにとって、人口の多数を占める華人の協力は欠かせなかった。シンガポールは、マレー人をはじめ中国人やインド人、ヨーロッパ人など多様な集団より構成されていたが、一八二七年より中国人が最大人口集団となり、一八四五年までには人口の過半数を占めるに至った。彼らは、主にガンビールや胡椒の農園労働者であった。

彼らにとってアヘンの吸引は、日々の労働を癒すため欠かせぬものであった。華人労働者は、同郷出身者の企業である公司《コンス》という団体に属したが、その有力者は、イギリス政庁からアヘンの請負販売を委託され、華人労働者に販売した。関税も寄港税も取らないシンガポールの財源として、アヘン請負販売から上がる収益が重要な割合を占めるようになり、それは財源全体の五〇パーセント前後となった(白石二〇〇〇:六二)。

4 植民地支配と現地人有力者

†ラッフルズのジャワ統治

ジャワでも類似した現象が生じた。イギリス統治時代にラッフルズは、ジャワの副総督に任命され、統治を事実上委ねられた。ラッフルズは、オランダが採用してきた王侯や上級首長を介した間接統治に代えて、農民の自由意思による栽培や交易がなされることをめざした。ラッフルズは、ジャワの王家に積極的に介入した。

当時ジャワには、中部ジャワにジョクジャカルタのスルタン王家、スラカルタにススフナン王家とマンクヌガラ王家、西ジャワにバンテン王家が存在した。

その一つのジョクジャカルタのスルタンは、イギリスの影響力が強まるのを恐れ、密かにスラカルタのススフナン王家と通じ、イギリスに対抗した。イギリスは一八一二年、一二〇〇名の兵士をジョクジャカルタに派遣し、スルタンを流刑に処した。代わりに息子を王位に就けたものの、領土の一部をイギリスに割譲させた。イギリスに協力した元スルタンの兄弟は、独立したパクアラム王家を持つことが認められた。

一方、スラカルタの王家にイギリスは進軍しなかったものの、同様に領土の一部を割譲させた。ラッフルズはまた、スルタンとススフナン両王家の関所や市場の管轄権をイギリスに委譲させ、それを中国人の徴税者に委ねた。これに対し一八一四〜一五年にススフナンは、駐留するインド人傭兵の不満分子と共謀して、イギリスに対抗しようとした。しかし計画が発覚し、王は王位にとどめられたものの、計画に加担した王子が流刑に処せられた。またラッフルズは、西ジャワのバンテン王国を名目的存在とみなし、廃絶した。

ラッフルズは、農民が王侯や首長に生産物を納め労役に服するのに代え、植民地政庁が個人に直接、金納による地税を課すシステムにしようとし、そのために土地の測量が必要となった。ラッフルズは、一八一四年から土地の測量にかかり、バンテンやチルボンさらに東部ジャワの諸地域で実施したと述べている。それにより、ジャワ人の農民のあいだに勤労精神が芽生えてきたと、彼は評価した。

しかし、そうした土地測量がどれだけなされたのか、はなはだ疑問が残る。ナポレオン失脚後、一八一六年にジャワはオランダに返還された。一八一八年にオランダ人が作成した報告書は、土地測量は網羅的に行われたものでなく、たまたま行われたところでも、調査の正確さを欠くとしている。

ラッフルズの期待に反し、ジャワ農民の首長への服属関係は維持された。そもそもラッフルズの導入した地税の徴収は、村落首長に委ねられており、貨幣を得る手段の限られていた農民は、村落首長や高利貸しへの従属度を強めた。また貢納や労役など農民による首長への諸義務は、多くの地方で存続し、農民の負担は、以前より増大した。

ラッフルズがジャワを統治した前後のオランダ人総督も、時代の潮流であった自由主義の信奉者であった。彼らも、中間支配者の権限を制限しようとした。ラッフルズの後、イギリスからジャワを返還されて総督となったファン・デル・カペレンは、財政状態立て直しのため、中部ジャワの王家やブパティ（県長）らの権限削減を試みた。カペレンは、一八二三年五月の政庁決定により、一八二一年一一月一六日以降の中部ジャワ王侯領の私企業への土地貸与は、一八二四年一月で失効するとし、以降いかなる王族や貴族でも、私企業への土地貸与は、オランダの許可なく行えないとした。

中部ジャワの王家は、これまでオランダを盟友とみなしてきた。しかし、カペレンの政策は、政庁と王家を上下関係へと変容させた。また農民のなかには、地税の導入により、現金収入を求めて農園企業で働かざるを得ない者が、多く生じる。さらに、これまで王家が管轄してきた関所が政庁の管轄に委ねられたことにより、華人がここに進出し、多くのところでアヘン販売を行い、常用者の間に多くの債務者を生んだ。その上、カペレンの一八二三年の決定により、王侯領に大きな混乱が生じた。中部ジャワ王家の周辺では、一九世紀初めのヨーロッパの植民地支配がもたらした矛盾が、最も深刻に現れていたのだ。

†ジャワ戦争と強制栽培制度の導入

一八二五年ジョクジャカルタのスルタン王家の一族ディポネゴロは、王家の関係者をはじめイスラム宗教家や農民の支持のもとに、オランダに対しジャワ戦争（一八二五～三〇年）を起こした。

そもそもディポネゴロは、幼少の甥スルタン・ハムンクブウォノ五世の後見人であった。しかし、カペレンの王侯領における土地貸与禁止令をめぐり、オランダ人理事官やその支持者と対立し、彼は宮廷を去った。一方、人々はオランダと距離をおくディポネゴロに、混乱した社会を本来あるべき状態に戻すとジャワ人の間で信奉された、「正義王」の再来を期待し、ディポネゴロは広範な人々の期待を集めた。

図3-12　ディポネゴロ肖像画
出典：Aveling, 1980

一八二五年七月、事態を察したオランダは、ディポネゴロを捕らえるために、戦闘をしかけ、ジャワ戦争は始まった。オランダ軍をかわしたディポネゴロは、スラロンに退却する。その後、彼のもとにイスラム指導者やジョクジャカルタの宮廷の貴族や従者たちが結集した。こうしたなかで、ディポネゴロは、自ら「正義王」と名乗った。

一八二六年一〇月の戦闘で彼自身が負傷するまで、戦局はディポネゴロ側に有利に展開した。その後戦争は、オランダが優勢となったが、民衆の人望の篤いディポネゴロは、オランダ側にゲリラ戦をしかけ、オランダ軍を悩ませた。戦争は長引き、オランダの財政を著しく悪化させた。オランダはディポネゴロ側に和平を持ちかけ、和平交渉の場でディポネゴロを捕える計略を立てた。一八三〇年、講和に現れたディポネゴロは捕らえられ、流刑に処せられた。指導者を失ったディポネゴロ側は瓦解し、ジャワ戦争は終結。中部ジャワのスルタン王家とスラカルタのススフナン王家は、王都周辺の直轄領以外、すべてオランダ政庁領に併合された。

他方、この戦争で多額の出費を余儀なくされたオランダは、現地人有力者を取り込む必要性を痛感した。窮乏した財政を立て直すため、その後一八三〇年に現地人首長の協力のもとに、住民に指定した作物と分量を指定した価格で供出させる、強制栽培制度を導入し、砂糖、コーヒー、藍、胡椒、タバコなどの作物がその対象となった。オランダが指定した価格は、市場価格よりも安価なものであった。

作物の栽培と収穫物の運搬は、住民が担い、ジャワ島の約八割の人々が、この制度と関わったとされる。制度導入当時約七〇〇万人いたと推定されるジャワ人に対し、数百人のオランダ人官吏でこれを運営することは、およそ不可能であった。オランダは県長や郡長、村長の協力のもとに、この制度を実施し、オランダに支えられた現地人首長達は、住民に対する影響力を増大させた。強制栽培制度は、オランダ本国で台頭する自由主義者の反対により、一八七〇年に一応終焉を迎えた。ただし、ジャワ以外の地のコーヒー栽培は二〇世紀初めまで続いた。一八三一年から一八七七年の間にオランダは、東インドより八億二三〇〇万ギルダーの送金を受け、財政を立て直し、鉄道の敷設や銀行の設立などを進める財政的余裕ができた（永積昭一九八〇：二一〇）。

†強制栽培制度と現地人首長

強制栽培制度は、ジャワ社会に少なからぬ変化をもたらした。一八三〇年に約七〇〇万人とされる人口は、一八七〇年に一六二〇万人、一八九〇年には二三六〇万人を数えるにいたった（Ricklefs 1981: 116）。大きな戦乱がなかったことと、強制栽培制度実施に伴う灌漑整備が、人口の増大を支えた。さらに、供出する作物はオランダ側の指定した価格であったが、住民は現金収入を得ることができ、地代をまかなえた。強制栽培制度は、ジャワ社会を本格的な貨幣経済へと移行させた。

ジャワ人にとり、強制栽培制度は光と陰の両面を持つ。有力者のなかには経済的余裕が生じ、一族をメッカ巡礼に送り出すものが増えた。他方この制度により、指定された作物栽培のため食糧生産が追いつかず、一八四〇年代の中部ジャワでは飢饉が起こった。強制栽培制度が行われた時期、オランダ支配に対するイスラム宗教家による反抗がいくつか生じたが、ジャワ戦争のような大規模な反乱は起きなかった。

ジャワでもシンガポールでも、新しい政策の実施にあたり、現地人有力者は要の位置におり、現地人支配者は、外来者と現地人を仲介することで、権力を行使できた。諸義務を課された一般民衆も、生活を安定させるために、パトロンを必要とした。在地の中間支配者を廃し、住民の自由意思に基づく活動が社会に発展をもたらすとした自由主義者の試みは、かえって現地人支配者の重要性をヨーロッパ人に再認識させたのだ。

一八六〇年に西ジャワの強制栽培制度下で、ジャワ人農民を搾取する現地人首長やそれに目をつむるヨーロッパ人官僚を内部告発した、ルバック県のオランダ人元副理事官による小説『マックス・ハーフェラール』が出版された。オランダ本国で反響を呼び、強制栽培制度の廃止を唱える自由主義者の支持を得た。他方、この小説が示唆するように、東インドでは現地人首長と配下のジャワ人農民の関係に、オランダ人は立ち入るべきでないとされた。『マックス・ハーフェラール』は、いみじくも語る。「レヘント（県長）は地元に住む〝本来のジャワ人〟の代表として、つまり何百、何千人の原住民の代表として発言しているとみなされるので、東インド政庁にしてみれば単なるヨーロッパ人官吏以上にはるかに重要な人物である。」（ムルタトゥーリ二〇〇三：九九）。上司の理事官も東インド総督も、この副理事官の訴えを取り上げなかった。

†東インドのヨーロッパ人

ジャワのヨーロッパ人の生活様式は、女性を含め多数の本国出身者が来航するようになる一九世紀後半まで、大きな変化がなかった。一八一一～一六年にジャワを占領したイギ

図3-13　クバヤに白い上着の20世紀初頭のヨーロッパ人の家族　出典：Nieuwenhuys, 1982

リス人は、そこで見たバタヴィアをはじめジャワのヨーロッパ人の生活様式に新鮮な驚きを隠せなかった。そこではヨーロッパ人女性が、本国と異なり、地元女性と同様に日中はクバヤ（上着）とサロン（腰巻き）をまとい、教育程度が貧弱で、多数の奴隷を従え、マレー語をしゃべっていた（Thorn 1815: 247–250）。さらにパーティで、男女が別々の場に集まり、また食事は、米飯と多数の料理よりなるライスターフェルと呼ばれる宮廷風正餐をアレンジした方式でなされ、奴隷達がそれぞれの料理を給仕していることも、彼らの関心を引いた。前述のように、現地生まれのヨーロッパ人は、乳母や子守の影響でマレー語を母語とし、現地の行動様式を身につけていたのである。

　ヨーロッパ人が奴隷を多数持つことは、東インド会社の時代からステイタス・シンボルであった。一八一六年のバタヴィアをめぐる統計では、奴隷所有者のヨーロッパ人一人あたり平均で、一三・八人の奴隷を有していた。これは中国人の三・三人や他の人々の平均二・八人と比べて、突出している。図3－14は、一八六〇年に奴隷が解放された後の一八七〇年頃のヨーロッパ人宅が抱えた使用人達を描いたものである。家内奴隷の仕事も、食事の支度、庭の手入れや清掃、子守、馬車の運転など、基本的に同じであろう。とりわけ東インド評議会のメンバーのなかには五〇名以上、なかには一〇〇名を超える奴隷を有する者がいた（Abeyasekere 1983: 296-297）。家内労働だけでなく、所有した農園などの労働力として活用したと推測される。

イギリスの占領は短期間で終わり、東インドのヨーロッパ人社会にさほど大きな影響を及ぼさなかった。現地生まれのヨーロッパ人は、一九世紀においても東インドで相変わらず無視できない影響力を行使した。ジャワにはヨーロッパ人や華人が購入した私領地が、同世紀中葉でも全ジャワの八パーセントにあたる面積で存在した。加えて中部ジャワの王家からも、砂糖栽培のため土地がリースされ、華人とともに地域に根を張ったヨーロッパ人が、その経営を担った。彼らの間には、子弟をオランダに送り教育を受けさせるものが少なからずいた。なかには、東インドで政庁官吏になるもあり、一九世紀の東インド総督のうち二名は、オランダで教育を受けた東インド出身者であった（Taylor 1983: 119, 131）。

本国から来るオランダ人が、東インド生まれのヨーロッパ人女性と結婚することも珍し

図3-14　ヨーロッパ人の家　出典：Abeyasekere, 1987

くなかった。オランダは一九世紀になると、次章で述べるように東インド評議会の権限を規制し、東インドでの本国の意向を強化しようとした。しかし、農園経営などで経済力を有した東インドのヨーロッパ人の子女との結婚は、本国出身の男性にとって、東インドで富やキャリアを形成するための重要なステップとなった。

またユーラシアンの娘も、やってくるオランダ人に積極的に近づいた。本国出身の白人という観念が、一九世紀になると徐々に東インドのヨーロッパ人の間でも重視され始め、こうした結婚を、彼女らは自らの威信を上昇させるために活用したのである。なお夫は、華人の場合と同じく、妻の行動に口出ししにくかった。本国出身者が東インド社会の慣習を軽視できない時代であり、また性比にも偏りがあった。こうしたなかで、ニャイや女奴隷と暮らすヨーロッパ人も少なくなかった。

ジャワ島をはじめとするオランダ領東インドやイギリスの海峡植民地では、植民地支配者が現地人有力者との協働の下に植民地経営を進めた。一九世紀前半にヨーロッパ勢力と現地勢力の双方の思惑の相違から確執が生じたが、それが収まった一八四〇〜七〇年の両植民地の政治的状況は、後の時代と比べると比較的安定していた。ただし、植民地宗主国とこれらの地域との関係は、着実に緊密になりつつあった。近代の波が、東南アジアにもじわじわと迫っていたのである。

第四章

植民地支配の拡大と外来系住民

一九世紀中葉まで東南アジアにおける欧米の植民地支配は、スペインによる北・中部のフィリピン諸島、オランダによるジャワやマルク諸島ならびにスマトラの一部地域、イギリスの海峡植民地やビルマ沿岸部などに限られていた。本国出身のヨーロッパ人は比較的少数であり、彼らにとって在地有力者や現地のヨーロッパ系住民、華人、現地人女性の協力が欠かせなかったことは、見てきたとおりである。一方、近世以来の地域間の交流の進展は、一九世紀後半の交通通信手段の発展により、東南アジアと他地域との関係を一層緊密にした。欧米列強は、東南アジアへの関心を高め、その結果一九一〇年代までにシャム（タイ）以外の全域が、欧米の植民地となった。東南アジアは、輸出用第一次産品の生産地となり、また植民地宗主国の工業製品の市場と位置づけられた。

一九世紀に植民地支配に組み込まれたビルマやベトナム、ラオス、カンボジア、海峡植民地以外のマレー半島諸国では、服属させた在地有力者や王家を活用して統治がなされた。ただし、彼らは植民地権力の監督下におかれた。また、比較的長期にわたりヨーロッパ勢力が活動を展開してきたフィリピンや東インドでは、植民地宗主国の影響力が強まり、現地人有力者は後退を余儀なくされた。一方、本国出身者の数が増えるなかで、これまでヨーロッパ本国と現地人社会を仲介してきたユーラシアン（フィリピンではスペイン系メスティーソ）の地位が、変容し始め、彼らの間で新たな民族像が提示され始めた。

1　東南アジアにおける植民地勢力の拡大

†島嶼部における植民地支配の拡大

ジャワ戦争で多大の出費を経験したオランダと、王家や首長間の内紛が頻発するマレー半島諸国を見てきたイギリスは、ともに勢力圏を拡大することを極力避けた。しかし、一九世紀後半には、周辺地域での他の欧米列強の動向が無視できないものとなり、当事国は積極的な領土拡張が避けられなくなった。オランダが起こしたアチェ戦争（一八七三〜一九一二年）は、その典型的な事例である。

一八五六年、弟と権力抗争していたスマトラ東岸のシアクのスルタンは、シンガポールの知事に援助を求めた。知事はこれを断ったが、イギリス商館の首席書記ウイルソンがこれに応え、スルタンの勢力を回復させた。だが、今度はその報酬をめぐりスルタンはウイルソンと対立し、リアウのオランダ人理事官に援助を求めた。オランダはこれに応じ、ウイルソンの勢力を一掃し、一八五八年にシアクにオランダの保護領となる条約を締結させた。

この条約により、シアクが宗主権を主張していたスマトラ東岸のタミアン、ランカット、デリ、スルダン、バトゥバラ、アサハンなどの諸王国も、自動的にオランダ領とされた。しかし、これらの諸王国に対しては、アチェも宗主権を主張しており、デリなど一部を除いて、オランダの宗主権を認めようとしなかった。そこで一八六五年にオランダは、これらの諸王国を武力で制圧した。

この一連のオランダの処置は、一八二四年のオランダとの条約でアチェの独立を保障し合ったイギリスの不満を招いた。一八七一年、オランダはイギリスとあらたにスマトラ条約を締結し、イギリスの通商活動や海運に自国と同一の待遇を与えることを保障し、オランダのスマトラにおける活動を認めさせた。

こうした状況下、アチェとオランダとの緊張が高まった。一八七三年三月、オランダ軍は海上からバンダ・アチェを砲撃し、四月に三〇〇〇人の兵士が上陸を試みた。これに対し、アチェ軍は反撃し、オランダ軍を撃退した。そこでオランダは、同年後半に再上陸を敢行し、翌七四年一月にバンダ・アチェを占領し、スルタン制の廃絶を宣言した。しかし、アチェ軍は山岳地帯に立てこもり、新たなスルタン・ムハンマド・シャー（在位一八七四～一九〇三年）を中心に抵抗を続けた。

アチェ戦争では、長期にわたる攻防戦が繰り返された。オランダ軍が侵攻すると、村人

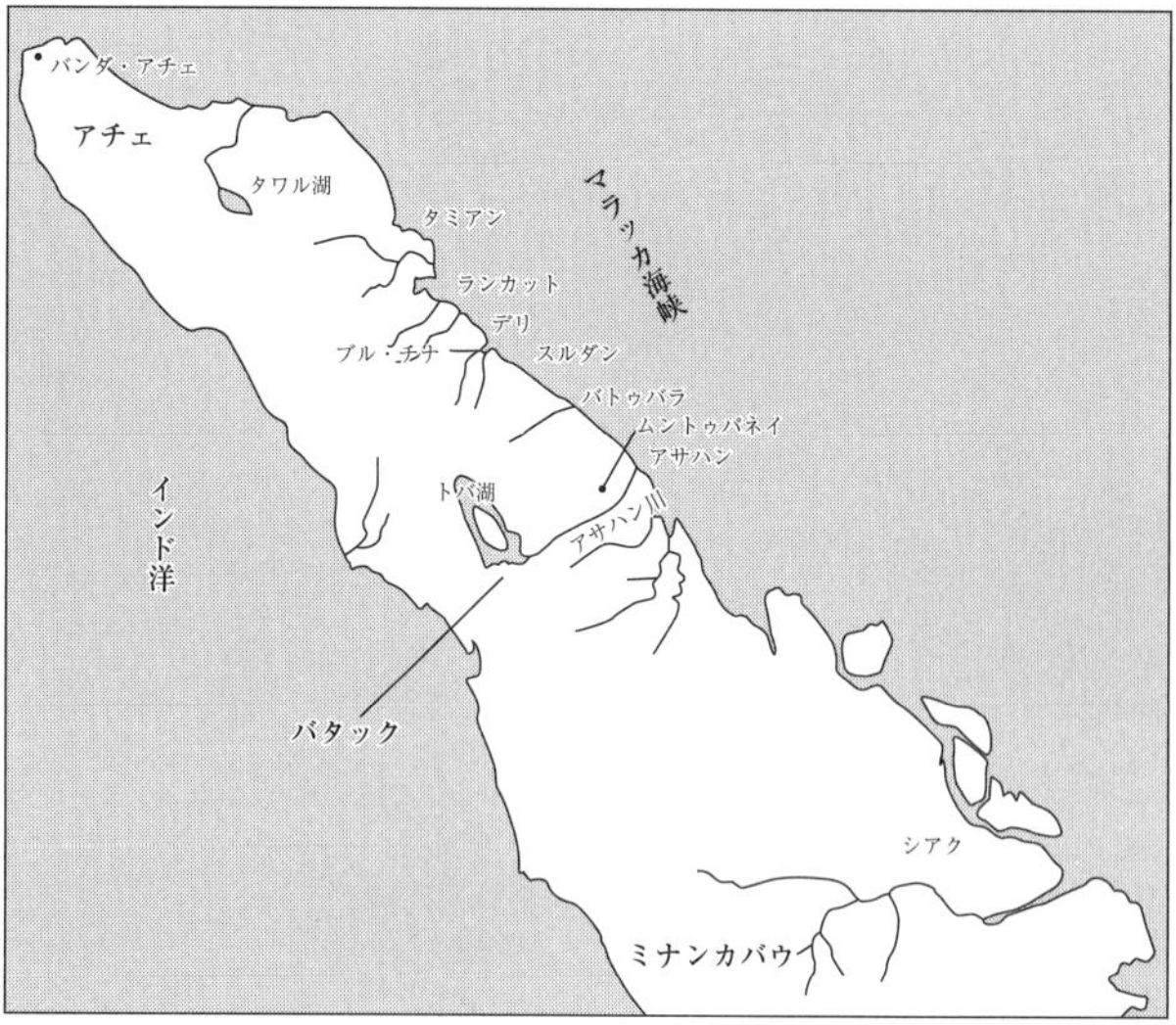

図4－1　北スマトラ

達は山岳地域へ逃れてゲリラ戦を展開した。一八八〇年代になると、こうしたゲリラ戦は、イスラム指導者によって導かれるようになり、オランダに対する抵抗運動は、ムスリムの非ムスリムに対する聖戦の様相を呈し始めた。こうして一八九〇年代の中頃まで、アチェ軍はオランダ軍に対して優勢を保っていた。

この状況を打開するためにオランダは、一八九六年以降積極政策に転じる。その結果、一九〇三年にスルタンが降伏し、抵抗派の領主達も続いて降伏。イスラム指導者による主な抵抗も一九一二年までに終息した。

アチェ戦争は、オランダの植民地

政策を積極策に転換させる契機となった。オランダは他の地域でも、服属を拒んだ支配者を廃絶し、服属した支配者には、他の諸外国との交渉権を放棄させる代わりに、内政面の自治権を保障した。これにより、これまで外来商人と内陸民を仲介し、交易を司ってきた島嶼部の港市支配者は、その役割を終えた。代わりに彼らに港市周辺の土地領有が認められ、スマトラ島ではここに農園企業や石油採掘企業が参入することになった。バタック地域も、二〇世紀初めまでに全域がオランダ支配下におかれ、食人慣習は廃絶された。そして一九一〇年代に、今日のインドネシアの原型となる、オランダ領東インドが成立したのである。

†英領マラヤ・北ボルネオの形成

一八七〇年代になると、他のヨーロッパ列強がマレー半島に関心を向けてくることを危惧して、イギリスも積極的な介入政策へ転じた。マレー半島は、折しもイギリスで盛んになっていた缶詰製造に必要なブリキの原料の錫の重要な産地であった。

一八七三年にシンガポール知事は、中国人秘密結社も巻き込んで抗争が続いていたペラの王位継承紛争の解決に乗り出す。一八七四年一月にペラ沖のパンコール島に当事者たちを招集し、ペラに統治の助言を行うイギリス人理事官をおく条約を、彼らに締結させた。

さらにイギリスは、一八七七年にマレー人の王族と貴族、イギリス人の理事官と副理事官、中国人代表者で構成する参事会を創設した。この参事会はペラの立法、司法、行政に関するあらゆる事柄を処理する機関となった。

以降、ペラだけでなく、一八九〇年代中頃までにスランゴール、ヌグリスンビラン、パハンのマレー諸国にも理事官制度と参事会制度が導入された。一八九五年七月にイギリスは、この四か国のマレー人支配者たちを招集し、統治者のそれぞれの国内における権限を保障する代わりに、イギリスの保護下に一つの連合を形成する協定を締結させた。そしてこの協定に従って、翌年七月にマレー連合州が成立した。ジョホールはマレー連合州に参加してなかったが、二〇世紀初めには、マレー連合州と同様の司法・立法・行政制度の受け入れを余儀なくされた。

またオーストラリアと中国をむすぶボルネオは、イギリスにとって重要な地域であった。一八八八年にイギリスは、ブルネイ王国、一八四一年にブルネイ王より認可されたサラワクのブルック王国、北ボルネオ特許会社の支配地の三地域を、イギリスの保護領とした。そしてボルネオ島南部を支配下に置いたオランダと一八九一年に、互いの勢力圏を確定した。

ボルネオの領域を確定したイギリスは、マレー半島北部のマレー諸国クダ、クランタン、

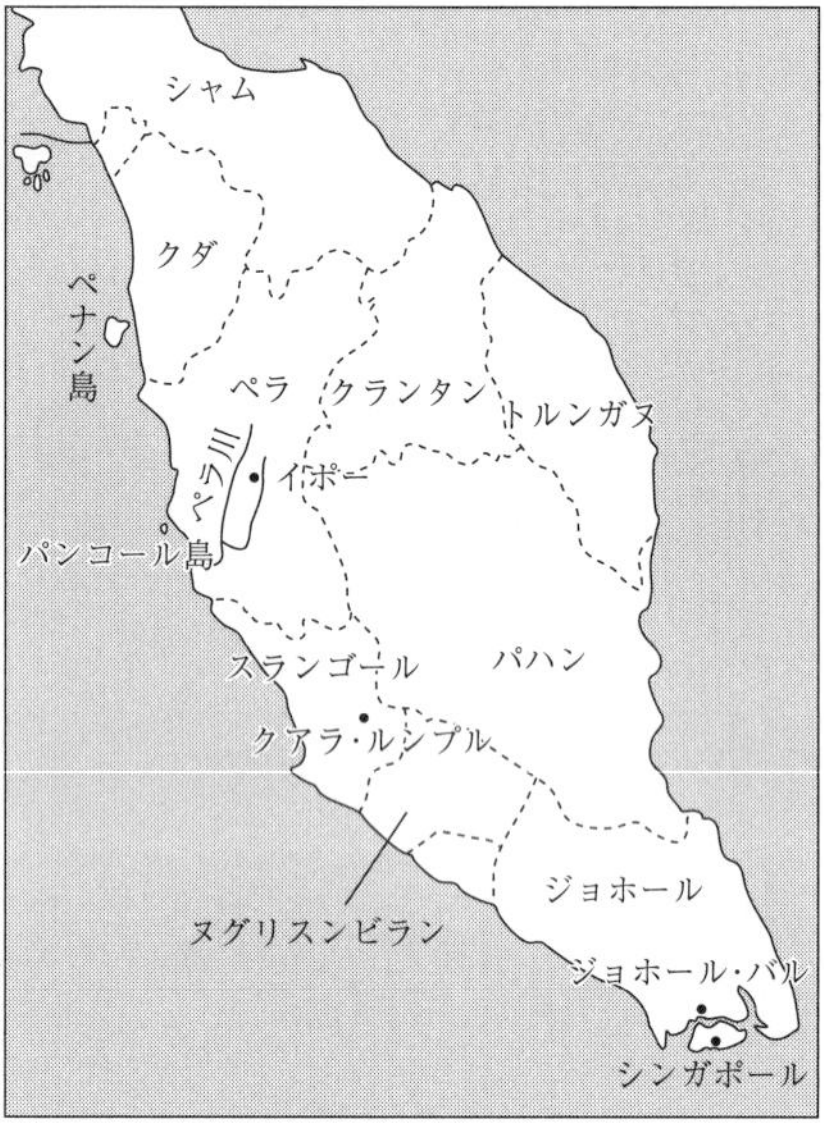

図4-2　イギリス領マラヤ

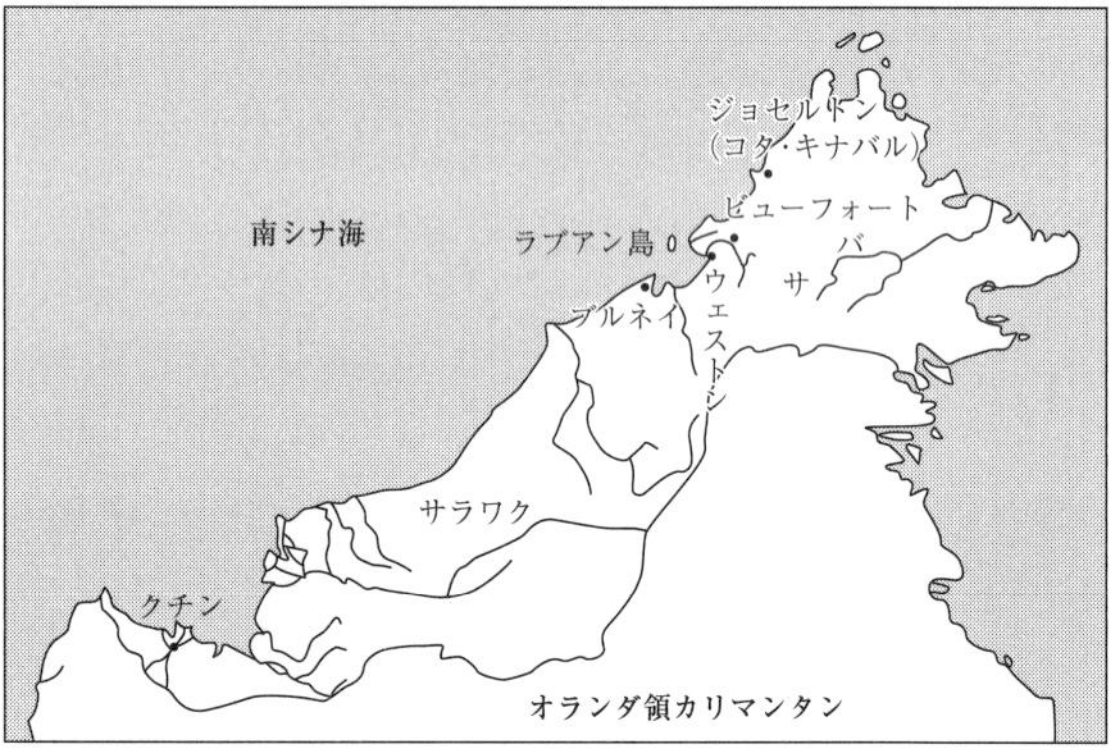

図4-3　イギリス領北ボルネオ

トルンガヌに対するシャムの権利を認め、一八九九年にイギリス・シャム国境条約を結ぶ。ところが、ドイツ、ロシア、アメリカの三国が、マレー半島北部地域に進出しようとする動きをみせた。そこでイギリスは、シャムと再び交渉し、一九〇九年にシャムからクダ、クランタン、トルンガヌを獲得し、こうしてイギリス領マラヤの領域が確定した。

†スペイン領フィリピン

一九世紀後半、ルソン島やビサヤ諸島におけるスペインの植民地支配は、三世紀を迎えようとしていた。蒸気船の普及や武器の技術革新により、スペインはビサヤ諸島における「海賊」の襲撃に対し、効果的な防衛ができるようになった。他方、フィリピン南部のミンダナオ島やスールー諸島におけるスペインの影響力は、きわめて微細なものであった。

一八七〇年代になると、スールー海域にドイツやフランスが関心を示し始めた。こうした動きや北ボルネオにおけるイギリスの勢力拡大は、スペインを大いに刺激した。スペインは一八七〇年代初めよりスールー諸島の攻略にかかり、七六年にスールー王国の王都のあるホロ島を占領する。しかし、スールー側のゲリラ戦による抵抗は続き、スールー王国への支配は確立されなかった。

他方ミンダナオ島では、マギンダナオ王国にスペインは進出し、一八六一年には王都コタバトを占領した。しかし、マギンダナオ王国の内陸部にあるブアヤン王国やスールーに移動し始めていたイラヌン人は、スペイン支配に服属しなかった。

一八九八年に起きた米西戦争に敗北したスペインは、アメリカにフィリピンを譲渡することになった。スールーやミンダナオに植民地支配が確立されるのは、二〇世紀に入ったアメリカ支配期のことであった（早瀬二〇〇三：一三五）。

†ビルマの植民地化

清朝の経済発展は、周辺アジアだけでなく、欧米の中国への関心も高めた。イギリスにとって中国は、一八世紀後半より重要な貿易相手となっており、イギリスは増大する中国からの茶の輸入の見返りに、インド産のアヘンを中国に持ち込んでいた。アヘン流入を制限しようとした清朝は、イギリスとアヘン戦争（一八四〇〜四二年）を戦った。清朝が敗北し、南京条約により広州をはじめ五港を開港すると、イギリスだけでなくフランスやアメリカも、中国における利権拡大を試みた。

そのような背景もあり、インドを拠点に中国貿易を拡大したイギリスにとって、両者と接するビルマは、海峡植民地とともに重要な地域となった。

ビルマのコンバウン朝は、インドと境をなすアラカンを一七八四年に領有した。その後

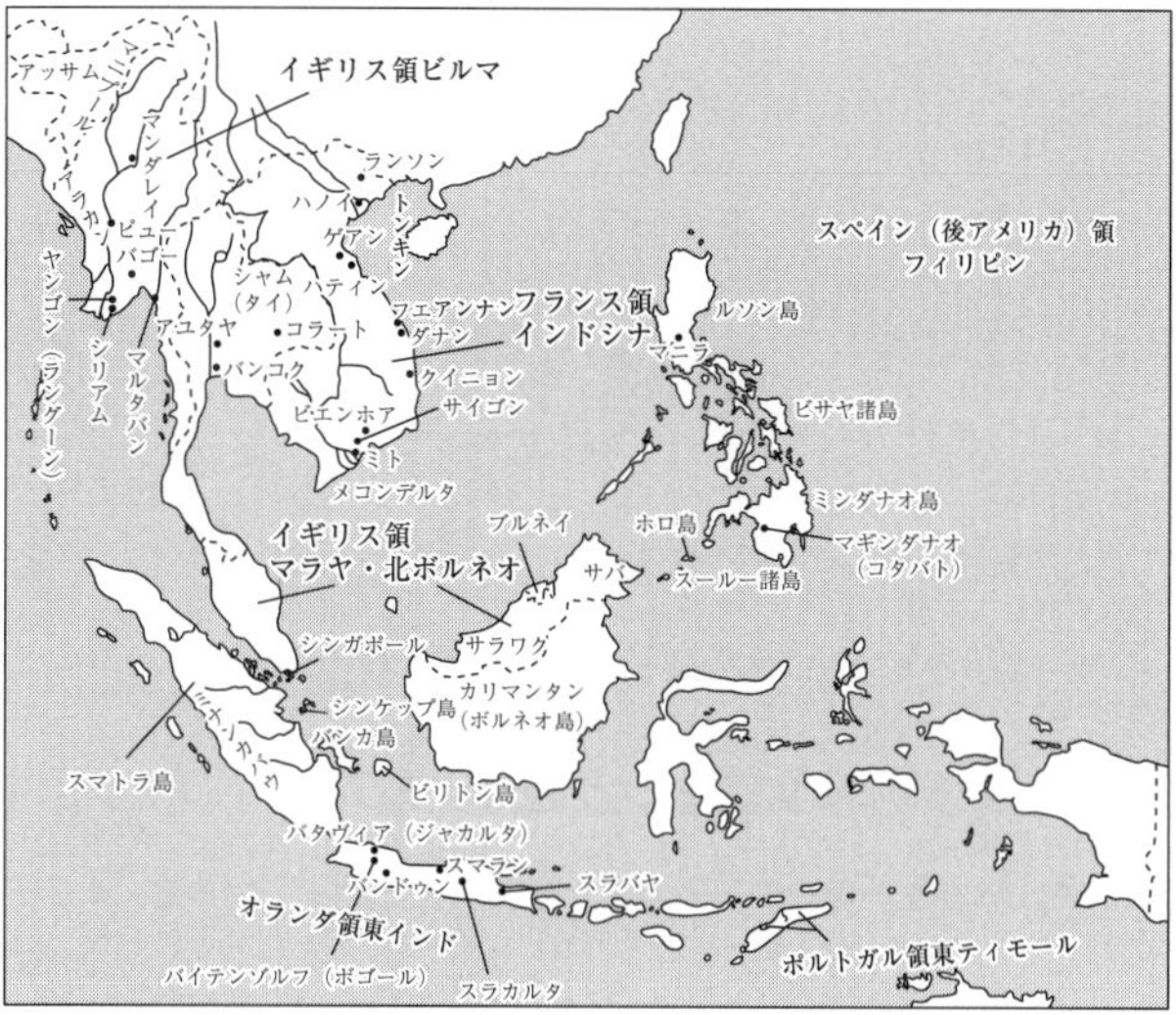

図4－4　東南アジアの植民地分割

イギリス領インドと境界を巡る確執が生じ、一八二四年に両者は全面戦争（第一次英緬戦争〔ビルマ戦争〕一八二四～二六年）となった。その結果、イギリスにヤンゴンやピュー、バガンを占領され、ビルマは敗北。ビルマは、イギリスとの条約でアラカン、テナセリム、アッサム、マニプールへの宗主権を失った。一方、ビルマ側はそれを履行しようとせず、イギリスとの関係がこじれ、一八五二～五三年に第二次英緬戦争となった。ビルマは再びイギリスに敗れ、ヤンゴンやバゴー、マルタバン、シリアム、ピューなどの下ビルマを失った。

ビルマはイギリスに対抗するため、ミンドン王（在位一八五三〜七八年）が富国強兵に努め、フランス、ドイツ、イタリア、アメリカなどから技術者を招き、工業化をはかった。またミンドン王は、税制改革に着手し、貨幣制度の改革も進めた（渡辺二〇〇一、斎藤二〇〇二）。

他方イギリスは、フランスがビルマに接近することを警戒し始めた。フランスはビルマと条約をむすび、一八八五年四月にフランス領事がマンダレイに着任し、マンダレイとフランス植民地であるトンキンとの間の道路建設、トンキン経由による武器輸送などを取り決めた。イギリスはこれに反発し、同年一一月にヤンゴンからマンダレイへ進軍し、王都を占領（第三次英緬戦争）、上ビルマもイギリスの支配下に入った。

†フランス領インドシナの成立とシャム

一方フランスは、アヘン戦争の後の一八四四年の黄埔《こうほ》条約によって、中国への進出を本格化する。南シナ海に拠点を持たないフランスは、ベトナムにその拠点を求めた。カトリックの布教活動を一七世紀中葉からベトナムで展開していたフランスにとって、儒教を基盤に国家統合をはかる明命帝以降続くフランス人宣教師の迫害は、そのきっかけとなった。一八五八年にフランスは、カトリックの迫害を口実に艦隊を派遣し、ダナンを砲撃し、サイゴンを占領した。六二年阮朝はフランスに屈服し、メコンデルタ三省をフランスに割譲する第一次サイゴン条約を結んだ。さらにフランスは、六三年にカンボジアを保護国化し、その後六七年にメコンデルタすべてとビエンホアをフランス領コーチシナとした（図4－4参照）。フランスは、さらに紅河から中国に至ることを検討し始め、七四年にフランスは、紅河の航行権と主要都市への駐兵権を認めさせる第二次サイゴン条約をベトナムと締結した。

　これに対し、当時北部ベトナムと中国の国境で活動していた劉永福《りゅうえいふく》率いる黒旗軍を引き入れたベトナムは、ハノイのフランス軍を撃破し、フランスは一八八二～八三年に紅河デルタに派兵し、フエを砲撃した。結果としてベトナムは、クイニョンとダナンの開港と北部ベトナムへのフランス軍出兵を認める、第一次フエ条約を一八八三年に調印した。

　一方、フランス軍の北部出兵に対して、ベトナムへの宗主権を唱えていた中国は正規軍を派遣し、一八八四年、ベトナム・中国の連合軍とフランスが衝突した（清仏戦争）。戦局はフランス側の優位に展開し、八五年に李鴻章《りこうしょう》は天津条約を締結し、清朝はフランスがベトナムを保護国とすることを承認した。フランスは保護国としたトンキン・アンナン・カンボジアと直轄領のコーチシナを、一八八七年にフランス領インドシナ連邦とし、九九年にはラオスも連邦に加えた。

一方シャムでは、ラーマ四世（在位一八五一〜六八年）がビルマへのイギリス侵攻に危機感をいだいていた。ラーマ四世は、清朝に代えてイギリスを重視する外交政策に転換し、一八五四年に中国への朝貢船の派遣を廃止し、五五年には自由貿易を掲げるイギリスとボウリング条約を結び、伝統的な王室独占貿易を廃止。さらにアメリカとフランスとも、同様な修好通商条約を結んだ。四世を継いだラーマ五世（チュラロンコン：在位一八六八〜一九一〇年）は、シャムを近代中央集権国家にするために国政参議会を設置し、税制や官僚制・裁判制度の改革をはかり、学校制度を導入した。

ラーマ五世の時代、インドシナでフランスの植民地支配が拡大し、シャムが影響力を行使したラオスを保護国化しようとするフランスとの間で衝突が起こり、シャムはフランスの要求をのみ、一八九三年にメコン川の左岸および川中の島の権利を放棄した。なおイギリス領ビルマを形成したイギリスとフランス領インドシナを形成したフランスは、一九〇四年に英仏協商を結び、シャムを緩衝地帯として植民地化しないことに同意。シャムに独立を保持する道が開けた。

2 植民地体制下の東南アジア社会の変容

†植民地体制下の統治制度

植民地体制の確立により、在来の権力者は大きな変容を迫られ、植民地勢力に抵抗した在地勢力は、ビルマの王朝やアチェのスルタンのように多くが廃絶された。また服属を誓った場合でも、外交権や徴税権の多くを委譲させられ、また監督者としてヨーロッパ人植民地官僚を受け入れねばならなかった。

マレー連合州（図4-2参照）を形成したペラ、スランゴール、パハンのスルタンとヌグリスンビランの首長、さらにジョホールのスルタンは、イギリス人理事官の監督のもとで参事会を構成した。しかし、その議題はあらかじめイギリスにより設定された。オランダ領東インドで存続を認められた中部ジャワの四王家やスマトラ東海岸のスルタン諸王家、オランダに服属を誓ったアチェの地方領主（ウレーバラン）も、オランダ人植民地官僚の合意のもとに統治を行うことになった。フランスの保護国となったアンナン王国をはじめカンボジア王国やラオスのルアンパバーン王国も、フランス人植民地官僚の監督下に置かれた。

植民地政庁は、首都を中心とする官僚制のネットワークの構築に努めた。

フランス領インドシナでは、ハノイがフランスの総督府の政治的中心となった。コーチシナを除くベトナムでは、フランスが伝統的な地方行政を温存し、ベトナム人行政官がフランス人理事官の管轄のもとに実務を担当した。こうしたベトナム人行政官は、当初伝統的知識階層に属していた。しかし、二〇世紀になると学校教育の影響により、彼らはフランス化し始めた。一方、前述の通りフランスの直轄領となったコーチシナでは、フランス人、フランス式教育を受けた有識者のベトナム人、フランス人と現地人を構成員としたサイゴン商工会議所のメンバーからなる、コーチシナ植民地評議会が組織され、総督の諮問機関となった。またラオスやカンボジアにおいて、フランスは現地人官僚だけでなく、ベトナム人も中級官僚として活用した。

またビルマでイギリスは、地方統治のために王朝時代のダヂー（地方領主）の制度を活用した。一八八六年に全ビルマを植民地支配においたイギリスは、全土を七管区－三八県に分け、末端の行政機構として村落単位で住民を掌握するために、村落区を新たに組織した。村長は、世襲あるいは村民の選挙に基づきイギリス人植民地官僚によって任命され、徴税権、さらに一定の警察権と行政権が付与された（伊東・根本一九九九：三六五―三六六）。一方英領マラヤでは、数個の村落を編成したムキムという行政区が設けられ、その長としてプンフルがムキムの行政、司法、徴税を担当した。プンフルは元来マレー人首長より任命されていたが、イギリス政庁がその任命権を掌握した。

オランダ領東インドでは、オランダが一九世紀中葉までに数度にわたり統治法を整備し、体系化をはかった。東インドは、バタヴィア（一八九二〜一九四二年の間はバイテンゾルフ、現在のボゴール）を中心とする行政区画が定められ、ジャワは一八七〇年代に州―県―郡―分郡―村の行政区に分けられた。郡以上で、オランダ側のヒエラルキー（理事官―副理事官―監督官）が設けられ、県長や郡長には、ジャワの有力世襲貴族（プリアイ）が充てられた。オランダは県長の権限の削減をはかり、県長が有した臣民の労役奉仕制度を廃止した。ジャワ以外の地域でも、理事州―副理事州のもとに郡―分郡―村が設けられ、郡長、分郡長、村長には、オランダに服属を誓った地元有力首長が当初あてられた。

†輸出用第一次産品の開発

一九世紀後半になると、植民地領域の拡大とともに、農園や鉱山の開発を進めようとする企業が、従来以上に進出し始めた。

オランダ領東インドでは、強制栽培終了後、私企業の活動が活発となった。一八七〇年に導入された農地法により、東インドの土地は原住民の所有する農地と所有者のない荒蕪《こうぶ》地《ち》に分類され、後者は植民地政庁の管轄する国有地となった。ヨーロッパ人企業家は、国有地の長期租借が認められ、かつ現地人支配者や農民との直接交渉により、農地の租借が可能となった。東インドでは、一八八〇年代半ばから一九二九年の世界恐慌が起こるまで、砂糖が輸出品のなかで第一位をしめた（Tate 1979: 55）。主な産地は中部ジャワ、東部ジャワのブランタス川流域、ジャワ北海岸で、中部ジャワや北海岸では、現地生まれのヨーロッパ人や華人の経営者が多かった。単位面積あたりの生産量では、ジャワはキューバを抜いて世界一であった。また西ジャワでは、強制栽培期にコーヒー栽培が盛んであったが、一八七〇年代に生じた葉の疾病によりふるわなくなると、茶の栽培が代わって発展をとげた。

そのほかスマトラ島周辺では、バンカ島に加え一八五〇年代にビリトン島、さらに一八八〇年代にシンケップ島で錫の採掘が始まり、錫は東インドの主要な輸出品の一つとなった。またスマトラ東岸ではタバコ栽培が始まり、その後飛躍的に発展した。錫の採掘には中国人労働者が、タバコ栽培にはジャワ人や中国人が活用された。さらに一八八〇年代に北スマトラやカリマンタンで石油の採掘が始まり、オランダとイギリスが一九〇七年に合併会社ロイヤル・ダッチ・シェルを設立し、東インドの石油採掘と販売に支配的なシェアをもつようになった。また二〇世紀になると、スマトラ島やカリマンタンでゴム栽培も発展をとげた。

スペイン領のフィリピンでも、マニラの周辺地域や一八六〇年以降ビサヤ諸島で砂糖栽

図４－５　20世紀初頭のジャワのサトウキビ栽培　出典：池端、1999

図４－６　タバコのプランテーション
出典：Deli-Batavia Maatschappij, 1925

培が展開した。ビサヤ諸島のサトウキビ栽培には、イギリス、フランス、アメリカの資本の援助をえたスペイン人プランターが多数参入し、製糖業には中国系メスティーソも多数参入した。また一八三〇年代から、ロープ製造のためとりわけアメリカで需要が高まったマニラ麻の栽培も盛んになった。サトウキビ、マニラ麻の栽培では、スペイン人や中国系メスティーソの有する大農園が、大きな役割を果たした。そのほか、一八七〇年代になると乾燥ココナツやココナツ・オイルになるココヤシが輸出用作物として注目を浴びた。ココヤシ栽培は、当初マニラの南の海岸地域が主要産地であったが、二〇世紀になるとビサヤ諸島やミンダナオ島にも栽培が拡大し、フィリピンのココヤシは世界的産品へと成長をとげた。

†英領マラヤの鉱山企業と大陸部の米のプランテーション

またマレー半島での鉱山企業の活動も活発となった。錫の採掘は近世から盛んで、マレー半島やバンカ島などで、おこなわれていた。その主要な輸出先は、一八五〇年代まではインドや中国だったが、イギリスにおける缶詰生産の進展に伴うブリキ板の製造と発展とともに、ヨーロッパ向けの輸出が大幅に増大した。一八四〇年代に始まったマレー半島のスランゴールやペラでの錫鉱山の大規模開発は、こうした動向に対応したものであった。

これらの錫鉱山に中国人の鉱山労働者や商人が流入し、それまで人口過少だったこれらの地域に、中国人の町が誕生した。

マレー半島での錫の生産量は、一九世紀後半に増大し続け、スランゴールやペラさらにヌグリスンビランも主要産地となった。イギリス領マラヤの錫の産出量は、一八五一年に六五〇〇トンであったのが、九三年には四万トンとなり、八三年には世界第一位の錫産出国となった(B. Andaya and L. Andaya 1982: 210)。加えて二〇世紀になると、ゴム栽培が盛んになり、その農園には南インドのタミル人が労働力として活用された。

こうした島嶼部やマレー半島の農園の食糧供給を支えたのは、仏領インドシナやタイ、英領ビルマで生産されたコメである。コーチシナをはじめ、チャオプラヤー川流域、エーヤーワディ川流域では、大規模米作が展開していた。コーチシナやタイの米は、主に香港、シンガポール、日本、中国、オランダ領東インドに輸出され、一方ビルマのコメは、主にインドやセイロン、シンガポールに輸出された。前者ではフランス人や華人の資本が、ビルマではイギリス人やインド人の資本が重要な役割を担った。

†交通通信手段の発展

こうした農産物や鉱産物の世界市場との結びつきを強めさせたのは、一九世紀中葉以降の交通通信手段の発達であった。一九世紀の後半には、東南アジアを取り巻く海に大きな変化が生じた。ひとつは蒸気船の就航であり、いまひとつはスエズ運河の開通である。蒸気船は、すでに一八二〇年代に東南アジア海域に登場していたが、技術改良をへた一九世紀後半には、主要航路に就航していた。一八六九年のスエズ運河の開通は、こうした蒸気船の普及と時期を同じくしていた。このスエズ運河の開通によって、ヨーロッパと東南アジアとの交通に要する時間は、従来の喜望峰回りの航路に比べて一か月短縮され、五〜六週間となった。一九世紀後半には、ヨーロッパとアジアを結ぶ航路にイギリス、フランス、ドイツ、オランダなどの運輸会社が参入し、東南アジア海域の主要都市間も結ばれた。

また蒸気機関の導入は、陸上において鉄道の誕生発展をうながした。ジャワ島では、一八六二年にスマランとサトウキビ栽培の盛んな中部ジャワ南部の間の鉄道敷設工事が着工された。その後、バタヴィア―バンドゥン間、スラバヤ―中部ジャワ間にも鉄道が敷かれる。東インド全体では、一九二〇年までに約四〇〇〇キロへと拡大した。

マラヤでは、鉄道が錫鉱山の開発とともに発展した。はじめて鉄道が一八八五年のペラのラルトで敷設され、一八九三年にはイポーとペラ川河口間の鉄道が開通した。その後ボルネオでも、一八九六年にブルネイ湾周辺部で鉄道が開通し、一九〇五年までには北東のジェセルトン（現在のコタキナバル）まで延長された。またフィリピンでは一八三〇年代以降、輸出用農産物栽培の発展に対応して、馬車道路の敷設が各地で進んだ。さらに鉄道も、一八九二年にマニラ―ダグパン間が開通し、九八年までに一八八キロに拡大した。ビルマでは、一八七七年にラングーン―ピュー間の鉄道が敷設され、一八八九年には上ビルマのマンダレイにまで延長された。またタイでは、バンコクとアユタヤ間が一八九七年に開通し、一九〇〇年には東北タイのコラートまで伸びた。ベトナムでも、コメのプランテーションが展開したメコンデルタのサイゴン―ミト間で、一八八五年に鉄道が敷設され、一九三七年までに北部のランソンからサイゴンにいたる南北縦貫鉄道が開通した（伊東・根本一九九九：三七四、柿崎二〇〇七：一三二）。

　こうして陸と海が繋がり、東南アジアは世界経済とタイトに結ばれることとなった。産出された農産物や鉱産物は、欧米や中国、インド、日本などに輸出され、見返りに欧米の工業製品、インドの綿織物や日本、中国の手工業品が持ち込まれた。そして食糧となるコメは、先に述べたように、大陸部より輸入した。ヨーロッパ人をはじめ、中国人やインド人、さらにアラブ人や日本人などが東南アジアに参入し、アジア間貿易も進展した。

　さらに一九世紀後半には、主要都市で、電信や電話などの通信施設の敷設が進展した。このため、植民地本国と植民地との通信も緊密となり、ヨーロッパ本国の植民地政策が、強く植民地に反映され始めた。植民地勢力の軍事力の増強も手伝い、従来ヨーロッパ人植民地官僚との協議により行政を進めてきた現地人首長の影響力は、後退せざるを得なかった。

†学校制度の拡充

植民地政庁は、拡大した領域の統治のために、下級官吏養成の必要に迫られた。また鉄道、電信の敷設や森林、用水の整備などの公共事業を担う人材や学校教師、医師さらに法律家の養成も必要となった。

植民地支配が大陸部よりも早かったオランダ領東インドやスペイン領フィリピンでは、一九世紀の後半になると各種の学校が増設された。オランダ領東インドの学校教育は、東インド在住のヨーロッパ人教育と原住民教育に大きく二分される。ヨーロッパ人小学校は、一八四五年に二四校存在したが、六八年に六八校、一九〇〇年に一六九校となった。原住民小学校は、一八五四年に二〇校ほどであったが、一八七〇年には七九校に増えた。一八九三年には原住民小学校の改革が実施され、上流階級の子弟向けで修業年限五年の第一級小学校と、一般向けで従来通り修業年限三年の第二級小学校の二つに分けられた。一九〇〇年には、第一級小学校が二七校、第二級小学校が五〇六校、東インドに存在した。

またヨーロッパ人中等教育は一八六〇年代に始まり、七〇年代に拡大し始め、商業、農業、獣医、工業、航海などの専門学校も誕生した。原住民中等教育は、一八五一年に予防接種などの初歩的な医療技術を教授するジャワ医師学校（バタヴィア）と師範学校（スラカルタ）から始まり、師範学校は以降各地に開設された。また一八七九年にはジャワ人首長の子弟のために、首長学校が三校開校された。この首長学校は、一八九三年以降、原住民官吏の養成をより明確に教育目標に掲げ、一九〇〇年に原住民官吏養成学校と名称が改められた。また一九〇一年にジャワ医師学校も、原住民医師養成学校となり、教育内容が拡充された。

一九世紀末に植民地支配によるジャワ社会の貧窮化を認識したオランダは、一九〇一年にキリスト教布教、権力分散、住民の福祉向上を目指す倫理政策の導入を宣言した。灌漑の拡充や移民の促進、さらに権力分散に必要な原住民官吏の養成、また住民の福祉向上のために、学校教育制度の充実に拍車がかかった。こうした植民地行政や学校制度の導入により、従来のジャワの世襲貴族は、変容を余儀なくされた。出自よりも個人の能力や学歴が、職業の獲得に重要な意味を持ち始めたのだ（Sutherland 1979: 18）。

またフィリピンでもスペイン政庁下で一九世紀後半から下級官吏養成のために、教育制度の改革がおこなわれた。一八六三年以降、各町に公立の男子小学校と女子小学校を少なくとも一校ずつ開校することとなり、そのための教員養成機関の設立も決定された。一八九八年には、学校数が二一五〇校、児童数は二〇万人をこえた。またすでにマニラでは一九世紀前半に商船学校、商業学校、美術学校が開設されていたが、後半には植物実習学校、士官学校、電信士学校、農業実習学校、農業学校、三つの工芸商業学校などが設立された。このうち農業実習学校はネグロス島に、工芸商業学校の二つはパナイ島とパンパンガ州に設けられ、マニラ以外の地でも専門職業人の教育が始まった。

またフィリピンでは修道会の手によって、一七世紀前半に植民者の子弟を教育するためにコレヒオ（学院）三校と大学二校が設立された。コレヒオは一七世紀終わりから原住民も受け入れ、大学も一八世紀以降原住民を受け入れた。本来聖職者や教養人の教育機関であったコレヒオでも、一八六七年以降、経営科、測量科、化学科、機械科などの職業専門課程が設けられた。コレヒオは、一八七〇年当時六校に増え、さらに輸出農業の進展により富を蓄積した有産階級が登場する一九世紀後半以降になると、スペイン系および中国系メスティーソを含むフィリピン人学生が急増した。また一八八〇年代の後半には大学の入学者の九割が、フィリピン人学生となった。コレヒオの卒業生は、州以下の官職と聖職に就く者が多く、大学卒業生は弁護士や医師などの職能人になる者が多かった。

そして次に扱うように、植民地支配の強化に対抗してユーラシアンが新たな活動を起こすとき、彼らのまわりに学校教育を受けた現地人有識者が集い始めたのである。

3　植民地支配体制の確立と仲介役の変容

†スペイン系メスティーソの在俗司祭の活動

スペインのフィリピン支配は、教会と政庁の両輪から構成されていた。マニラを拠点とするスペイン領フィリピンでは、マニラ政庁のもとにスペイン人を長官とする州が設けられ、州の下には統治の基本単位となる町（プエブロ）が存在した。プエブロには原住民の町長が任命され、その周辺には原住民の村（バランガイ）が存在した。カトリック教会は、マニラ大司教を中心に四教区が設けられ、その下の教区は、プエブロの単位とほぼ一致する。聖堂区を管轄した主任司祭は、ヨーロッパの修道会より派遣された。主任司祭は、プエブロでほとんどの場合ただ一人のスペイン人であり、宗教活動を統括しただけでなく、選出された町長や村長の承認権を有し、徴税業務の監督、納税通知票の訂正権を司り、町評議会の顧問であり、プエブロ予算の監査役をつとめ、学校の教員採用試験官でもあった。その権限は、政治・経済面にも及ぶ大きなものであった。

ただし、教会活動をスペイン人司祭のみが担ったわけではない。修道会より派遣される司祭だけでは、一〇〇万人近いフィリピン現地人に対する布教をカバーしきれず、現地の人々にその役割を担ってもらうほかなかった。その結果一七五〇年には、すでに五一人のフィリピン現地の在俗司祭が聖堂区を管轄していた。それに対応し、一七七二年にはフィリピンで在俗司祭養成のための司教区神学校が設立された。

その結果一八一〇年には、四六〇の聖堂区で一七一人の現地人在俗司祭が活動するにいたり、スペイン系メスティーソも、そのなかに少なからずいた。なかにはペドロ・ペラエス（一八一二～六三）のようにメスティーソでありながら、フィリピン教会のトップの座のマニラ大司教が逝去し空座になったあと、職務を代行する者さえ登場した（池端一九九八七：六二一―六七）。

ところが、中南米のスペインの植民地で一九世紀初頭以来独立運動が盛んになり、その運動に現地生まれの聖職者が重要な役割を担ったことから、スペイン政庁はフィリピンの在俗司祭の存在に警戒感を強めた。そこで政庁は、できるだけ現地人在俗司祭を任命しない政策へと転換し、一八二六年に在俗司祭に委ねられていた聖堂区を、その司祭の死亡後に修道会の手に戻す勅令を出した。さらに、一八四九年には統治上重要なマニラ周辺のカビテの聖堂区で、在俗司祭が管轄していた七つの聖堂区を修道会に移管するよう勅令が出された。また一八六〇年代にかけて、在俗司祭らが中心になり教会活動が進められていた

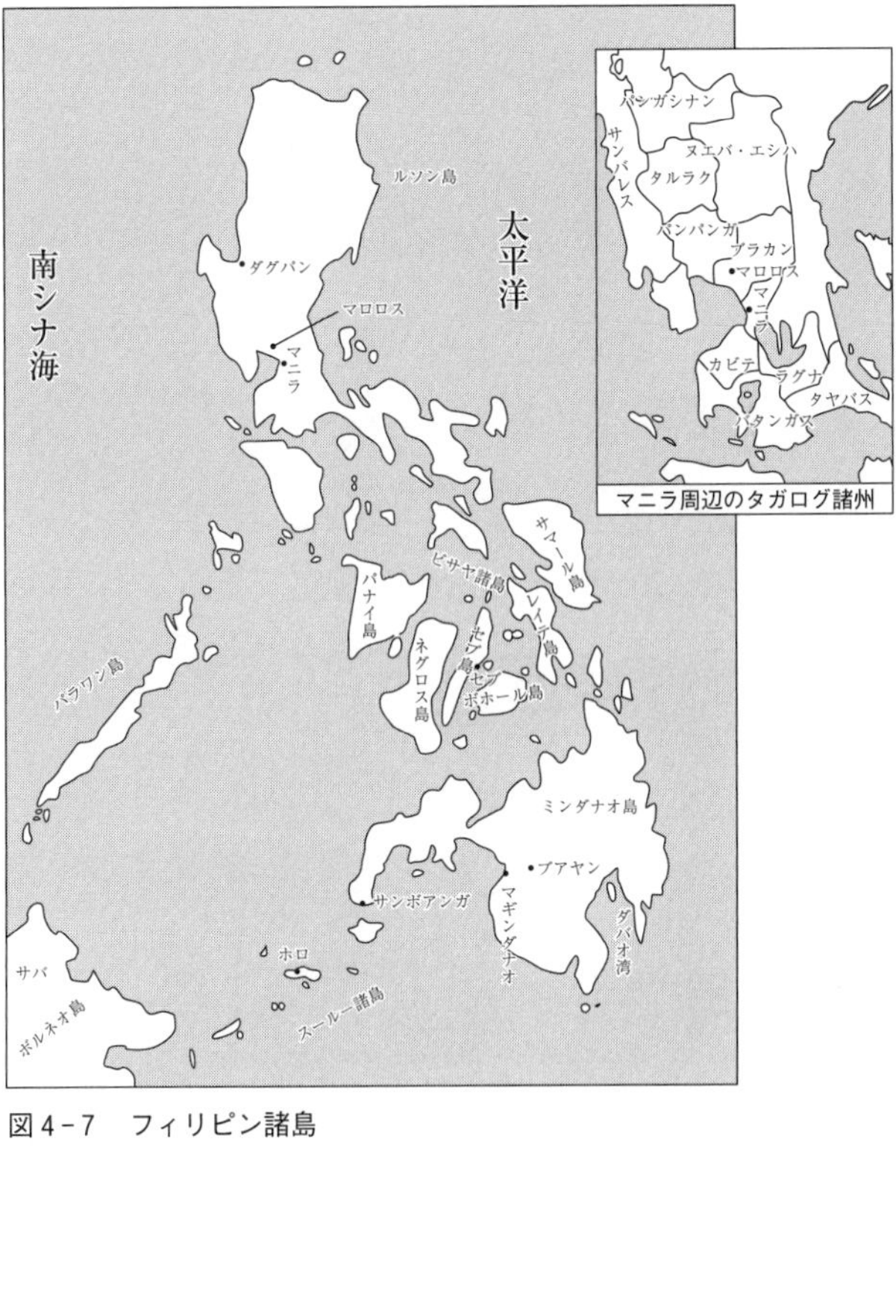

南シナ海
太平洋
ルソン島
ダグパン
マロロス
マニラ
サマール島
ビサヤ諸島
パナイ島
レイテ島
ネグロス島
セブ島
セブ
ボホール島
パラワン島
ミンダナオ島
ブアヤン
サンボアンガ
マギンダナオ
ダバオ湾
ホロ
スールー諸島
サバ
ボルネオ島
パンガシナン
サンバレス
ヌエバ・エシハ
タルラク
パンパンガ
ブラカン
マロロス
マニラ
カビテ
ラグナ
タヤバス
バタンガス
マニラ周辺のタガログ諸州

図４−７　フィリピン諸島

ミンダナオ島でも、聖堂区を修道会の手に委ねる決定がなされた。ちなみに先のペラエスは、在俗司祭を擁護し、政策の変更をスペイン国王へ働きかけた。これに対し修道会は、ペラエスをスペインへの忠誠心を失った反逆者と新聞記事で誹謗した。

ペラエスは一八六三年に起きた地震で亡くなったが、彼の教えを受けたスペイン系メスティーソの在俗司祭ホセ・ブルゴスは、フィリピン人在俗司祭に対するスペイン本国の姿勢に反論した。ブルゴスは、教会法や各種民事法典を論拠に、主任司祭職はもともと人種のいかんを問わず在俗司祭が担当するべき職務で、修道士は在俗司祭が不足した時にのみ、ローマ教皇から許可を得てその職に就くことができることを説いた。そしてこの優先権が認められていないのは、フィリピン人は人種的に劣っているとする、人種差別があるからだとした。ブルゴスは、イタリア人歴史家C・カントゥの『万国史』をもとに、人類は科学的に見て同じ一つの種であり、そうした差別が不当であることを主張した。それとともに、修道会がフィリピンで大土地所有を行い、修道士が聖堂区から上がる富におぼれ、伝道の情熱を失っていることを指摘し、スペイン政府が在俗司祭に救いの手を差し伸べないならば、将来フィリピンに何が起こるかは保証の限りでないと警告した（Schumacher 1972: 75-115）。

ブルゴスは、これらの論点を「フィリピン人たち」という匿名で出版する。当時スペイン体制下で住民は、スペイン人、スペイン系メスティーソ、原住民、中国系メスティーソ、中国人の五つの法的カテゴリーに分けられていた。スペイン系メスティーソと中国系メスティーソは、原住民女性と家族形成しており、ほとんどが代々フィリピンに居住する者だった。スペイン本国出身者に対し、フィリピンのスペイン系メスティーソを含む現地人が、彼には「フィリピン人」だったのである。植民者に対する、被植民者の連帯意識の表れであった。

しかし、スペイン政庁は彼の主張に耳を貸さなかった。運動の発展を恐れた政庁は、一八七二年にその大弾圧をおこなう。この年の一月、カビテの兵器廠で働く兵士や労働者が、それまで享受してきた強制労働や人頭税などの免除特権を廃止されたのに憤慨して、騒乱を引き起こした。政庁は、ブルゴスら在俗司祭化運動の指導者、ならびにそれを支持する一般の自由主義者がその首謀者であると一方的に断定して、彼らやその支持者を逮捕し、極刑または重刑に処した。翌二月、マリアノ・ゴメス、ホセ・ブルゴス、ハシント・サモラのスペイン系メスティーソの三司祭が絞首刑に処せられた。のちに、三人の名前の頭文字をとって、「ゴンブルサ事件」と呼ばれる大弾圧である。

†プロパガンダ運動とフィリピン民族主義

ゴンブルサ事件から約一〇年後、フィリピンとスペインの両地を舞台に、新たな改革運動が開始された。それらは、「プロパガンダ運動」と呼ばれ、言語活動をとおして植民地体制の改革を要求した。この運動を担ったのは、大学やコレヒオで高等教育を受けた人々である。一九世紀中葉以降、輸出農業の進展により富を蓄積した有産階級が台頭すると、大学やコレヒオでメスティーソを含むいわゆるフィリピン人学生が急増していたのだ。

フィリピンでの運動の指導者は、マニラの最高学府サント・トーマス大学を卒業したデル・ピラールで、運動の主眼は、地域の住民を啓発して植民地支配の不正に目覚めさせることだった。デル・ピラールは、一八八二年にフィリピンで最初のタガログ語・スペイン語併用新聞『タガログ新聞』を発行し、そこで修道士の不正や非行を糾弾した。さらに彼は、修道会勢力に反発する自由主義者のスペイン人高官を巧みに巻き込んで、修道士の影響力の削減に努めた。しかし、運動は植民地政庁の厳しい監視を受けて、一八八八年末にゆきづまり、デル・ピラールもスペインへ逃亡せざるを得なくなった。

一八八〇年代には、フィリピンの有産階級のスペイン留学が盛んになり、フィリピン各地からマドリッドに集まった学生知識人は、この地でフィリピン人意識を強めた。彼らの活動は当初ささやかなものだったが、一八八七年にホセ・リサールが小説『ノリ・メ・タンヘレ（私に触れるな）』を発表すると、状況は一変した。リサールはこの小説で、従来タブーとされてきた修道会と修道司祭の腐敗と堕落の実態を赤裸々に描き、センセーションを巻き起こした。またデル・ピラールは、一八八九年に機関紙『団結』の編集主幹となり、それ以前の植民地支配をもっぱら修道会の圧政として批判していた姿勢から、フィリピンの植民地支配を修道会と世俗権力が一体化した一つの体制として総合的にとらえ、諸制度の改革を論じた。彼はフィリピンがスペイン諸州と同等の権利を持つべきことを主張した（池端一九八七：七五―八七）。

図4－8　プロパガンダ運動の指導者たち。ホセ・リサール、デル・ピラール、ポンセ（写真左から）
出典：池端、1999

　リサールはさらに、かつての祖国の豊かな文化社会を、一七世紀初めのモルガの『フィリピン群島誌』の記述に見出した。その豊かさが、スペイン支配によって曇らされてしまったことを、一八九〇年の『団結』紙で論じた。スペイン支配の三〇〇年は、決して文明化の恩恵にみちたものでなかったことを、プロパガンダ運動家は認識するに至ったのだ。リサールは、一八九二年にフィリピンに帰国し、フィリピン民族同盟の結成に着手した。しかし、同盟結成わずか四日後に、彼はスペイン当局から反逆罪に問われ、ミンダナオに流刑になった。そしてスペイン当局の弾圧が厳しくなり、人々はプロパガンダ運動から遠ざかっていった。スペインでの運動資金も底をつき、『団結』紙も一八九五年に廃刊となってしまった。

†フィリピン革命

プロパガンダ運動が提示した民族意識を、広く民衆レヴェルにまで共有させる役割を担ったのが、アンドレス・ボニファシオやエミリオ・ハシントらの秘密結社カティプーナンの運動である。ボニファシオやハシントは、マニラ周辺の都市住民にタガログ語の機関紙と秘密結社の活動をとおして、かつて至福の状態にあったフィリピン社会がスペインの裏切りによって悲惨な植民地支配を受けており、祖国の至福を回復するべきことを説いた。カティプーナンは、カトリシズムの説く人間愛にもとづき、神を信ずること、祖国愛、祖国の虐げられた状態を救うために犠牲をいとわないこと、人間は肌の色や富に関係なく平等であることを唱えた。彼らは、大衆に訴えるためにフォークカトリシズムの枠組みを用い、母マリアの愛に報いようとするイエスと彼らの祖国愛を結びつけ、受難の重要性を唱えた（Ileto 1979: 93–139）。

一八九二年七月、リサールの逮捕を契機に設立されたカティプーナンは、その手作りの革命思想によって、会員をマニラやその周辺の諸州に増やしていき、一八九六年八月、官憲に存在が知られたときには、三万人の会員を擁していた。カティプーナンの総裁ボニファシオは、各支部へ蜂起を通達した。フィリピン革命の始まりである。マニラの隣のカビテ州では、蜂起後一か月もたたないうちに州全体が解放された。

ところが、一八九六年一〇月から翌年初頭にかけてスペイン本国から援軍が到着すると、戦局は変化した。植民地政府は、革命の首謀者とみなしたリサールを処刑したが、おりしも革命勢力の側では、一八九六年末から翌年五月にかけて、マニラの都市急進主義者が支持するボニファシオと、カビテの町役人層が支持するエミリオ・アギナルドの間に、革命のリーダーシップをめぐり対立が深まっていた。一八九七年三月に革命政府の大統領に就任したアギナルドは、五月にボニファシオを処刑し、一方アギナルドはスペインと和平を模索し、香港へ亡命した。

一八九八年四月、キューバ革命をめぐって、スペインと対立していたアメリカが参戦し、アメリカ極東艦隊は五月マニラ湾に侵攻し、スペイン艦隊を撃滅した。亡命中のアギナルドは、五月一九日アメリカ軍艦でフィリピンに帰国し、革命勢力は、アギナルドがアメリカからの援助を取りつけたと信じ、彼を再び革命最高指導者にむかえた。そしてアギナルドは新たな革命政府を設立し、一八九九年一月に憲法を公布、同一月二三日、フィリピン共和国（マロロス共和国）が樹立され、アギナルドは大統領に就任した。

一方アメリカは、一八九八年一二月にスペインとパリ講和条約を締結し、フィリピン諸島の領有権を獲得した。これによりフィリピン共和国とアメリカとの対決が避けられなくなり、一八九九年二月、アメリカ側の発砲でフィリピン・アメリカ戦争が勃発した。アメリカの攻勢により、三月末に共和国の首都マロロスは陥落した。ところがアメリカは、この頃から各地で従来以上のゲリラ戦に遭遇するようになった。そんなゲリラ組織のなかには、革命初期のカティプーナンの精神に立ちかえるものが多かった。一九〇一年三月にアギナルドは降伏したが、ルソン島をはじめビサヤ諸島でアメリカは一九一〇年代初めまで激しい抵抗を受けた。

長期にわたるフィリピンの革命の中で、フィリピン人在俗司祭は、地方の革命勢力のブレインとして、あるいは革命の従軍司祭として活動した。他方スペインから送られた修道会の主任司祭は、多くが革命軍の捕虜となっていた。アメリカ体制が成立すると、ローマ教皇庁は修道士をできるだけ元の聖堂区に戻そうとしたが、フィリピン人司祭達は、強くそれに反対した。またアメリカも、修道会の所有地の買収と修道会のフィリピン退去をめぐり教皇庁と交渉したが、交渉は決裂した。そうした動きのなかで、一九〇二年にローマ教皇庁から独立したフィリピン独立教会が誕生した（池端一九八七：二二五―二二五）。

以上のようにフィリピンは、スペイン系メスティーソを中心とした在俗司祭の提示したフィリピン人意識が、その後現地人有識者、さらに大衆に共有され、国民国家の建設に向かった興味深い事例を提示している。

4 東インドのユーラシアンとニャイ

†植民地体制下のヨーロッパ系住民

東インドでも、ヨーロッパ本国の植民地支配の強化により、本国と現地を仲介してきたユーラシアンの立場は、変容を余儀なくされた。

一九世紀中葉のオランダ領東インドでは、ヨーロッパ人コミュニティの約八割が現地生まれのクレオールやユーラシアンであった。オランダ植民地体制になると、東インド総督は植民省が任命した本国出身者が赴任し、任期が終わると、本国に帰るパターンが多くなる。また東インド会社時代と異なり、バタヴィアの東インド評議会は、その権限が制限され、総督の諮問機関にすぎなくなった。さらにオランダは、植民地宗主国の意向を効率よく反映させるため、一八四二年に東インドでの植民地官吏養成のためのアカデミーをデルフトで設立し、一八四九年にそこで教育を受けた者のみを、東インドで要職の官吏として採用することを決めた。その機会に与れない東インドのヨーロッパ人は、下級の政庁事務員や植民地軍の下級兵士の職に限られることとなった（ブルンベルヘル一九三九：五九）。

オランダは、また東インドの住民の婚姻や法的地位についての法律の整備にかかった。東インドにおけるヨーロッパ人の結婚相手が、クリスチャンに限られるとする東インド会社時代からの法律は、一九世紀の半ばまで変わらなかった。ただし、こうした女性が少数だったため、彼らは非クリスチャンの現地人女性や女奴隷と同居することが多かったことは、前に見たとおりである。オランダは、一九世紀中頃になると、宗教から人種による法的区分を重視し始め、一八四八年に婚姻に関する法律を改正した。さらに一八五四年の東インド統治法により、東インドの住民をヨーロッパ人、外来東洋人（中国人やアラブ人など）、原住民の三つに法的範疇に分け、刑法、民法、商法などにおいて差異を設けた。ヨーロッパ人は、非クリスチャンの原住民や華人とも結婚できることとなった。ただし一八四八年の婚姻法は、異なる法的カテゴリーの住民同士が結婚したとき配偶者がどちらの法的身分になるか、明確に定めていなかった。また婚姻手続きに、少なからぬ費用がかかった。

　こうしたなかで少なからぬヨーロッパ人男性が、正式結婚よりもニャイと同棲することを選んだ。東インドのヨーロッパ人の人口は、一八六〇年に四万三八七六人、一八八〇年に五万九九〇三人（男四万六八四人、女一万九五八五人）、一九〇〇年には九万一一四二人（男五万五七一三人、女三万五四二九人）へと増加した（*Volkstelling 1930 VI* 1933: 31、なお一八八〇年の男女数の合計と総人口に若干の齟齬があるが、センサスどおりに記載）。

図４－９　19世紀後半のヨーロッパ人の家族
出典：Abeyasekere, 1987

性比の偏りは、一九〇〇年にはやや緩やかになるが、依然として男性が多かった。ヨーロッパからは、植民地官僚をはじめ農園や鉱山企業の関係者、また植民地軍兵士らの来航者が増えた。家族同伴者もあったが、男性単身者が少なくなかった。一九世紀終わりのヨーロッパ人男性の約半数が、ニャイを有したと推定されている。

ニャイは社会の統合に欠かせなかったが、在地権力者の権威が後退するなかで、彼女らの地位も下降し始めた。男性優位の原理を掲げるヨーロッパ人の植民地体制も、これを助長した。とりわけ出身地を遠く離れた場所では、それが鮮明になり、スマトラ東岸の農園企業家のニャイ

図4-10　東インド軍兵士とニャイ
出典：Termorshuizen, 2011

となったジャワ人女性は、単なる家政婦にすぎなくなってしまった。

一方、前述のオランダの官吏登用政策に、現地のヨーロッパ人は強く反発した。植民地活動を拡大するために彼らをとり込む必要のあるオランダは、東インドでも官吏試験制度を導入した。また一九世紀の後半には、先に述べたように、東インドのヨーロッパ人向けの初等教育を拡充し、中等教育機関も設けた。しかし、ヨーロッパから新来者が増えると、東インドのヨーロッパ人は、本国出身者に職を奪われ始めた。一九〇〇年にはヨーロッパ出身の男性が、東インドのヨーロッパ人男性総人口の約四割（二万三〇〇〇人前後）にの

ぼるようになり、ジャワの主要都市のバタヴィアやスマランさらにスラバヤの植民地軍の兵舎周辺では、ヨーロッパ人の貧民街も形成されていた。

†「白人」の文明の使徒意識とニャイ

オランダも、ヨーロッパ人の貧窮化を白人の権威を失墜させ、東インドの治安を乱す恐れから、深刻な問題として認識し始めた。一八七二年、オランダはヨーロッパ人の困窮民問題を調査する委員会を、バタヴィアに立ち上げた。その報告書は、貧窮化の根本的原因を、ヨーロッパ人に固有の活力が欠如しており、労働意欲が欠如し、慈善施設に頼る心性にあるとし、そして、そうなる主要因として、愛情をもって育てようとしない原住民の母親の育児法をあげた（Rapport 1903: 9, 56）。貧窮したヨーロッパ人の多くが、ニャイを母親としたからである。

しかし、原因はそんな単純なものではなかった。ヨーロッパ人の父親に認知された子供は、クリスチャンとなり、母親の出身村に戻れず、ヨーロッパ人コミュニティで暮らした。同居した男性がニャイと認知した子供を残して東インドを去る際は、彼女に一時的な養育費が渡された。とりわけ一九世紀後半以降、一時滞在の後、本国に帰るヨーロッパ人が増える。ただし、父親からの送金はその後途絶えることが珍しくなく、子供たちはヨーロッパ人コミュニティの慈善施設に頼らざるを得なかった。こうして成長した彼らは、また増加した本国出身者のもとで職域がせばめられ、貧窮化を余儀なくされた。子供たちと一緒に暮らせないニャイには、彼らを支える手段も限られていた。

同じ頃にヨーロッパ人クリスチャンの間で、彼らから見て婚姻関係にない男女の同棲や公営売春宿の運営に対して厳しい批判を投げかける、性モラル向上運動が展開し始めた。非ヨーロッパ世界に進出したヨーロッパ人に、「文明の使徒」としての威厳を保つことが求められたのである。一八七〇年代にスイスやイギリスで始まったこの運動は、その後オランダにも伝播した。

こうした運動家が注目したのが、東インドのヨーロッパ人とニャイとの生活である。とりわけ植民地軍（一九世紀の後半で三万～四万人）のなかで一万人前後をしめるヨーロッパ人兵士は、一九世紀終わりに二二～二三パーセントが兵舎でニャイと同居していた（Ming 1983: 71）。ニャイを兵士に斡旋したのは、地域の村長や郡長である。当局にとってニャイは、正式結婚でないため手当を支払う必要がなく、また兵士の性病の罹患率を低くし、その生活を清潔に維持させるありがたい存在であった。こうしたニャイの慣習に、本国から変更を迫る圧力が増したのである。

運動の影響力を無視できなくなったオランダは、再び婚姻規定の改正にかかった。一八九六年の混淆婚規定より、妻の法的身分が夫に準じることが明確に定められた（Nederburgh 1899: 1-5、吉田二〇一六：四七－四八）。また一九〇四年にヨーロッパ人植民地官吏のニャイとの同棲自粛を通達し、さらに一九一三年に植民地軍兵舎でのヨーロッパ人ならびに現地人クリスチャン兵士のニャイとの同居を禁止した。同棲関係にある兵士には、正式結婚が強く勧められ、また同年、東インドの公営売春宿も廃止した。

他方、植民地官吏や植民地軍以外の私企業関係者がニャイを持つことに、政庁は干渉しなかった。東インドに来るヨーロッパ人は二〇世紀以降も増加し、その人口は、一九二〇年に一六万八一一四人（男九万三四二〇人、女七万四六九四人）、一九三〇年に二四万一一四二人（男一二万七四八一人、女一一万二六八一人）となった（*Volkstelling 1930 VI* 1933: 31-32）。華人も、一九〇〇年に五三万七三一六人（男三四万七〇〇四人、女一九万三一二人）、一九二〇年に八〇万九〇三九人（男五一万七七四七人、女二九万一二九二人）、一九三〇年に一二三万三二一四人（男七四万八九九七人、女四八万四二一七人）に増加した（*Volkstelling 1930 VII* 1933: 48）。男女比は、ヨーロッパ人の間でも一九三〇年頃まで均一にならず、とりわけ華人系住人の間では女性が少なかった。そのため華人も多くがニャイを有した。

多くがそのルーツをニャイに持つユーラシアンは、彼女らをどう見ていたのであろう。

†ユーラシアンの描くニャイ

ユーラシアンのなかには、ジャーナリストとして現地語の出版物に関わる者がいた。先の東インド統治法によって、制限つきではあるが出版の自由が認められ、ユーラシアンや華人の編集した新聞が、バタヴィアやスマラン、スラバヤなどで発行され始めたのだ。また一八九一年には、ユーラシアンの役者と華人の経営者によるコメディ・スタンブルと呼ばれる新たな演劇がスラバヤで登場、コメディ・スタンブルは、東西の話を題材にしたミュージカルを上映し、各都市を巡回した（Cohen 2006: 1-4）。間もなく類似した劇団が多数創設され、東インドの小さな町にまで巡り始めた。

こうした出版物や演劇で人気を博したのが、ニャイをテーマにした話であった。下層出身のニャイが裕福なヨーロッパ人や華人と暮らす話は、多様な階層と民族集団を抱える植民地社会全体をイメージでき、かつ男女関係を流動性の高くなった社会状況と絡めながら楽しめるテーマであった。

この時期話題となったニャイを主人公とする小説として、『ニャイ・ダシマ物語（*Tjerita Njai Dasima*）』（一八九六）、『ニ・パイナ物語（*Tjerita Nji Paina*）』（一九〇〇）、『ニャイ・イサ（*Njai Isah*）』（一九〇三）などがあげられる。いずれもユーラシアンの手になる、ジャワを舞台にしたマレー語の小説で、ヨーロッパ人と暮らすニャイを主人公とする。『ニャイ・ダシマ物語』では、イギリス人男性と幸せな生活を営んでいた主人公のダシマが、その富に目を付けた現地人ムスリムのサミウン一味に惑わされ、原住民の暮らしが懐かしくなりサミウンの第二夫人となるが、彼女の財産目当てのサミウンとの暮らしはうまくいかず、もとの主人のもとに戻ろうとした道中で、サミウンの仲間に殺される。また『ニ・パイナ物語』では、農園企業で働く彼女の父親の意地悪いオランダ人上司のニャイになることが避けられなくなったパイナが、自ら進んで天然痘をもらい、父親の上司に身を委ねる。その結果、彼が天然痘に罹り、死亡する。一方パイナは、病を治し、村に戻り裕福なジャワ人と結婚する。

この二つの小説では、ヨーロッパ人コミュニティと現地人社会との差異が強調され、前者は秩序の安寧が保障されるのに対し、後者は無秩序でしばしば悪漢が跋扈《ばっこ》し、ブラック・マジックが横行する世界として描かれた（Tsuchiya 1991）。

他方『ニャイ・イサ』では、ジャワ人農民と金や地位に惑わされるヨーロッパ人とが対比され、オランダ人男性のニャイとなったイサをとおして、ジャワ人の生きがいが語られる。二人は、子供にも恵まれ幸せに暮らしていたところ、男性の上司の義妹が、イサと暮らす男性との結婚を画策する。術中にはまった彼が、オランダ人になるほうが幸福と唱え、イサの子供を取り上げようとする。イサは、子供がジャワの農民として生きる喜びを語り、これに対抗する。しかし、いずれわが子と離別させられることを悲観したイサは、子供とともに入水自殺する。

いずれの物語でも、もはやニャイはヨーロッパ人と現地社会を仲介できなくなっている。作者たちは、ニャイに自我をもたせ、二つの社会の間で揺れ動く彼女らの姿を描こうとしたのである。ただし、ヨーロッパ本国からの新参者が増えるなかで、どちらの世界に居場所を見つけるべきか、考えねばならなかったのはニャイだけではない。ユーラシアンもそうだった。これらの小説が人気を博したのは、筆者の心がニャイに乗り移り、物語に迫真性を与えたからに他ならない。これらの作品は、都市住民の多くが、ニャイをイメージするきっかけとなった。

†ユーラシアンの運動

東インドのヨーロッパ系住民は、結束をはかりだした。彼らの間で一八七〇年代より、福祉向上を訴える活動が起こり始め、一八八〇年代には、相互扶助のための団体も設立された。彼らは、ヨーロッパ出身の滞在者が東インドの富を搾取していくことを非難し、こうした一時滞在者に対し、東インドを祖国とみなす「東インド生まれのヨーロッパ人」の意識を形成し始めた。

一八九八年に彼らは、東インドのヨーロッパ人住民の物心両面の援助をうたい、小農業と教育の促進を政庁に促すことを目的に掲げた、東インド同盟をバタヴィアに設立した。彼らは、機関誌を発行し、同盟の店を設立した。一九〇〇年におけるその会員四五〇〇名近くのほとんどは、ユーラシアンであった（ブルンベルヘル一九三九：六六）。

さらに、より下層のヨーロッパ系住民の不当な窮状を訴えるために、東インド生まれのヨーロッパ人およびヨーロッパ人のうち永住希求者の利益の促進を目的としたインスリンデ（「東インドの島々」）が、プランテーション企業の参入で新来者の増えたバンドゥンで、一九〇七年に創設された。このインスリンデは、ラテン語で「島々」を意味するInsulaと「東インド」のIndiëを組み合わせた、一九世紀後半に使われ出した東インドを指す美称であり、この地で永住を目指す人々の意思が反映されていた。インスリンデは、オランダ体制下で教育を受けたジャワ人有識者とも接触した。一九一一年には結社の目的を、オランダ領東インドの繁栄と福祉のために物心両面の利益を促進し、この目的を妨げるすべての不当な状態や法令を廃棄するよう努めると改定した。

また少なからぬヨーロッパ系住民が就業していた公営事業の下級職員の間から、労働組合が組織され始めた。一九〇八年に中部ジャワ北岸のスマランに鉄道組合が生まれ、原住民メンバーも参加が認められた。そしてヨーロッパ系住民の周辺に、原住民エリートたちが集い始めた。

こうしたなかで一九一二年九月、東インド同盟とインスリンデを統合するために、ユーラシアンのダウウェス・デッケル、ジャワ人のチプト・マングンクスモとスワルディ・スルヤニングラットが中心となり、東インド党をバンドゥンで創設した。ダウウェス・デッケルは、父親がオランダ人、母親がヨーロッパ人とシャム人を両親に持つ出自であった。彼は、南アフリカでイギリスが仕掛けたブール戦争に、オランダ系現地人を支援するために参加。戦後東インドに帰ると、ジャーナリストとなり、オランダ本国出身者の東インドにおける横柄さを批判した。

東インド党を結成したデッケルは、東インドに議会と大学を設置することを唱え、「東インド人（Indiërs）」による独立国家作りを志向した。この「東インド人」には、原住民であろうが、ヨーロッパ人や外来東洋人であろうが、東インドを祖国とみなす人ならば、誰でもなれるとされた。デッケルは、ユーラシアンが「東インド人」の紐帯役になりうると考えたのである。東インド党は、七〇〇〇名ほどのメンバーを獲得し、そのなかに原住民も一五〇〇人含まれていた（Veur 2006: 209）。

彼らの活動に影響を与えたのが、世紀末のヨーロッパや植民地で支持を得ていた神智学の思想である。一八七五年にブラヴァツキーとオルコットが創始した神智学協会は、全人類の友愛を説き、諸宗教や哲学の比較と統合を意図し、降霊術の研究を主な目的とした。アメリカで設立されたこの協会は、その後拠点をインドに移した後、八五年以降ヨーロッパに拠点を移し、ロンドンに本部を構えた。イギリスではフェビアン協会のアニー・ベザントらが熱心な信奉者となり、彼女はのちにインドの独立運動に没頭。オランダでは、社会民主主義労働党員の間に支持者を得た。神智学は、オランダ人をとおして東インドにもたらされ、人種的差異を超えて人類が兄弟であるとする理念が、有識者にアピールし、東インド党のリーダーのチプトとスワルディは、その熱心な信奉者であった（Bosma and Raben 2008: 322）。

図 4-11　追放されオランダにやってきた東インド党のリーダーのスワルディ、デッケル、チプト（写真左から）　出典：Termorshuizen, 2011

　東インド党はインドネシア民族運動史上、初めて独立国家の構想を提示した。こうしてフィリピンと東インドで民族意識の形成に、ユーラシアンは重要な役割を担ったが、東インドでも彼らに連動して原住民エリートが動き始めたのである。

第五章

新たな内と外の構築と国民国家

植民地体制下で学校教育を受けた有識者は、ヨーロッパの思想と現地社会の価値観を橋渡しする役割を担う。彼らが新たな社会を構想するとき、その基盤となる男女関係や家族形成は、どこでも重要な論点となった。とりわけインドネシアでは、これから述べるように原住民と華人系住民やヨーロッパ系住民との間で確執が生じ、ニャイ慣行や外来者と現地人の婚姻をめぐる議論が、民族意識の形成に少なからぬ影響を及ぼした。また日本占領期を経て国民国家が形成されるなかで、ニャイやユーラシアンは仲介役を終えた。

新生国家は、対外関係をはじめ婚姻法や家族構成を管理下に置こうとした。他方、東南アジアの女性は、内外で多彩な活動を展開した。

1　植民地体制下における諸集団の統合と分化

†イスラム同盟と東インド党

前章で述べたように、オランダは一九〇一年に倫理政策を導入し、住民の福祉向上と教育の拡充をはかった。そのなかで、原住民の医師と教師の養成は重視され、中・高等教育を受けた原住民有識者が誕生した。

一九〇八年に原住民医師養成学校の学生達が中心となり、西欧教育の普及による進歩とジャワ文化の調和を目指して、ジャワ人の民族主義団体ブディ・ウトモ（「最高の英知」）が創設される。一九一二年に東インド党を設立するチプト・マングンクスモとスワルディ・スルヤニングラットは、そのメンバーであった。またこの原住民医学校の医学生達は、近くにある後に東インド党のリーダーとなるダウウェス・デッケルの住居を、クラブハウス兼勉強室兼図書室として利用した。さらに神智学はブディ・ウトモのメンバーにも影響を与えた。人類が本来兄弟であるのに、現実の諸民族に優劣があるのはなぜか。民族の覚醒度と自己修養の度合いにより諸民族に優劣があるとする、東インド神智学協会会長ラッベルトンの主張に彼らは耳を傾けた（Nagazumi 1972: 71-73）。

また一九一一年末、辛亥《しんがい》革命の成功に高揚する華人系住民に対抗して、原住民ムスリムの相互扶助と物心両面の発展を掲げたイスラム同盟（サレカット・イスラム）が、中部ジャワのスラカルタに設立された。東インドの華人は、アヘン販売や賭博場運営などの徴税請負の特権を担ってきたが、経済活動の統制を図るオランダは、そうした特権を廃止した。さらに華人は居住区を指定され、旅行の際には政庁の認可が求められた。不満を有した華人系住民のなかには、中華民国成立に精神を高揚させ、彼らがジャワの支配者になると豪語する者も現れた。イスラム同盟の創設者サマンフディは、多様な商業活動に華人が進出

図5-1　イスラム同盟の創設者サマンフディ　出典：Blumberger, 1987

していくなかで、原住民を主体としたバティック（ろうけつ染め）業者であった。彼は、ブディ・ウトモで活動したジャーナリストのティルトアディスルヨを同盟に招き、また政治活動に長けたチョクロアミノートを議長に迎え、同盟の発展をはかった。

　イスラム同盟は、華人への反発とムラピ山の噴火、疾病の流行、米価の高騰などの社会不安を背景に、またたく間にジャワ島各地に広がった。同盟は、一九一三年半ばまでに会員二〇万人を獲得し、ジャワ以外の島々でも支部が設けられた。商人をはじめイスラム宗教師、原住民の下級公務員や学校教師などがその中核的メンバーであった。イスラム同盟員の増加とともに、原住民の発行する新聞の数がヨーロッパ系や華人系のものを凌駕した。そうして「原住民」意識が東インド住民の間で、広く共有され始めた（Adam 1995: 171-177、アンダーソン一九九七：一九六－二〇〇）。

　一九一二年に結成された東インド党は、東インド人の国家形成をはかるため、イスラム同盟に接近した。東インド党のリーダーの一人スワルディ・スルヤニングラットは、イスラム同盟のバンドゥン支部の幹部となった。オランダはイスラム同盟が拡大するなかで、東インド独立をもくろむ東インド党の活動を警戒し、一九一三年三月に党を非合法団体とした。これに対しチプトとスワルディは、原住民委員会を結成し、デッケルの思想をマレー語で広めようとした。オランダは彼らの活動に危機感を覚え、デッケル、チプト、スワルディの三名のリーダーを同年九月、国外追放処分とした。リーダーを失った東インド党は瓦解した（深見一九九六）。

†ムスリムvs.ニャイ・ユーラシアン

反華人を唱えて原住民意識が高揚しはじめると、華人ら外来系住民と家族形成するニャイは、人々の大きな関心を呼びだした。一九一三年のバタヴィアやバンドゥンの同盟支部の会合において、イスラムの教えに背いて、原住民ムスリム女性をニャイとする華人やヨーロッパ人は批判の対象となった。また、家族の一員をニャイとして華人やヨーロッパ人に提供した者は、同盟に加入できないとされた。各地で華人との衝突が起こり、彼らのもとにいたニャイの奪還活動も起こった。

ただし前述のように、東インドへの来航者の増加により、ヨーロッパ人や華人のニャイとなる現地人女性は、減少しなかった。一九一二年一一月二〇日にバタヴィアの主要新聞の一つであった『プンブリタ・ブタウィ（「バタヴィアの報道者」）』に、ファン・カシノのペンネームで、あるムスリム有識者が投稿した（*Pemberita Betawi* 1912a, 1912c）。『プンブリタ・ブタウィ』は、一八八四年にユーラシアンが編集主幹となったマレー語紙で、多数の読者を獲得していた。ファン・カシノは、現地人女性が豊かで快適な生活にあこがれて、ヨーロッパ人や華人のニャイになることを批判した。彼は、ムスリム女性と非ムスリム男性の同棲はコーランで禁じられており、いかなる理由があっても許されないとした。またニャイの地位は流動的で、同棲者が東インドを去ると、彼女らは生活に困り、売春婦に身を落とすことを指摘した。ファン・カシノは、現地人女性がそうならないように、しかるべき職業に就けるための読み書き計算を習得する子女教育の導入を訴えた。

これに対し、「一人の忠実なニャイ」を名乗る西ジャワの女性が、同紙で反論した（*Pemberita Betawi* 1912b）。彼女は、ムスリムの現地人官吏の元妻であった。その夫との生活は、平穏そうに見えたが、彼女の知らないところで夫が賭博による多大な負債を抱え、その借金を職務のためと偽り、彼女の実家に無心していた。そのため彼女の実家は、財産をほとんどなくし、彼女は失望して夫のもとを去り、実家に戻った。その後、元の夫よりも低い給料のオランダ人のニャイとなった。夫は自分を大切にしてくれ、現在は幸せであるという。彼女は、ニャイを非難し、子女の教育を論ずる前に、ムスリム男性の倫理性の低さを問題にするべきであると訴えた。

当時の新聞は、投稿者と編者の記事から基本的に構成されており、この「忠実なニャイ」の主張には、明らかにユーラシアンの編者の意向が反映されていた。その後も『プンブリタ・ブタウィ』には、ムスリムの夫にメッカ巡礼に誘われて騙され、売春宿に売られたパレンバンの資産家姉妹の話や、若いムスリム指導者ほど女性に対する倫理感が低いとする、投稿記事が載せられた（*Pemberita Betawi* 1913a, 1913b）。前者のパレンバン女性は、原住民女性が他民族のニャイになるのは、原住民男性が他民族男性よりも女性を卑劣に扱うからだとした。

また東インド党のチプト・マングンクスモも、党の機関誌『ドゥ・エクスプレス』で、イスラム同盟の宗教的原則にもとづくニャイ批判、さらに彼女らを売春婦と同一視さえする姿勢に強く抗議した。チプトは、女子教育を説くよりも、まず同盟がニャイの置かれている現実を直視し、彼女たちが家族のメンバーから排除されないよう、正式結婚に移行させるべきことを提言した。イスラム同盟員と異なり、チプトはニャイが配偶者として扱われていないことを問題にしたのだ。そして同盟がイスラムの宗教原則に固執すると、ニャイの地位向上どころか、不自然な男女関係を助長することになると警告し、イスラム同盟が非ムスリムも念頭に入れて問題に対処するように説いた（Tjipto 1913）。

一方イスラム同盟の運動の拡大により、前述のように原住民の発行する新聞数が増加し、先の『プンブリタ・ブタウィ』の読者も減っていき、ついに一九一六年に廃刊となった。ニャイを擁護したユーラシアンのメディアは、後退を余儀なくされたのである。

†社会主義とイスラム

東インドでは、こうした状況下で社会主義運動が、ヨーロッパ系住民と原住民を巻き込んで展開し始めた。一九一四年に鉄道の労働組合運動が活発になっていたスマランに、オランダ人社会主義者スネーフリートが、東インド社会民主主義協会を設立し、労働組合運動の指導に乗り出した。東インド党の元メンバーも、当初多くがこの協会の活動に関わった。協会は運動の拡大をはかるために、原住民の協会員をイスラム同盟にも加盟させた。その結果、イスラム同盟のスマラン支部の活動が活性化した。また一九一七年のロシア革命による社会主義政権の誕生は、社会主義者を勢いづけた。

当時の原住民ムスリムは、社会主義とイスラムが緊密に連関するものと捉えていた。イスラム同盟の議長チョクロアミノートは、宗教を否定するマルクス主義と距離を置くが、イスラムの歴史にこそ真の社会主義の主旨があるとし、ムハンマドは社会主義の理論を体現した人物と考えていた。イスラム同盟のリーダーの一人であったハジ・アグス・サリムは、のちに民族主義運動のリーダーとなるモハマッド・ハッタら若き青年たちに対して、一九二〇年に以下のように説いた（モハマッド・ハッタ一九九三：九五－九六）。

図5－2　アグス・サリム　出典：Blumberger, 1987

神はこの世界にイスラムを広めるために預言者ムハンマドを遣わしたが、これはマルクスが社会主義を説いた時より一二世紀以上も前のことです。社会主義という言葉はようやく一九世紀になってからのものです。マルクスの社会主義は神を否定しています。だが、貧困から解放され一体感と平等に基づく社会に到達しようとする目的は、人類に預言者ムハンマドがもたらしたアッラーの宗教であるイスラムにあっては古くから言われてきたことです。――（中略）――チョクロアミノートはイスラムの社会主義的な要素を想起するようにとイスラム教徒に呼びかけています。私もできるだけ彼に協力するつもりです。

社会主義とイスラムは矛盾せず、前者は後者のなかにあるとするイスラム同盟指導者の見解である。この話を聞いたハッタは、「いつの日かイスラムの教義から社会主義の根幹を究めてみたい、と心の底から思った」と述懐している。こうして社会主義に関心を持ったムスリムは、少なくなかったであろう。

†インドネシア共産党の成立とヨーロッパ系住民の離脱

社会主義者たちは活動を進展させる。彼らは一九一七年の終わりに、植民地軍の兵士や水夫たちにソヴィエト樹立を働きかけ、紅衛兵運動を展開した。これに対し、オランダは厳しく対応する。東インド社会民主主義協会の主要なオランダ人指導者たちを、国外追放としたのだ。その結果運動の主導権は、原住民の手に移り、一九二〇年に彼らは、現地語の名称を掲げた東インド共産主義者同盟（Perserikatan Kommunist di Hindia）を結成した。アジアで最初に結成された共産党であった。

こうした原住民を中心とするラディカリズムは、ユーラシアンの多くを運動から後退させた。先の東インド党のリーダーであったダウウェス・デッケル、チプト、スワルディは、その後帰国が認可され、一九一八年よりインスリンデ（第四章四節参照）を基盤に活動を再開した。彼らの下でインスリンデは、原住民会員を増やした。一九一九年に彼らは、インスリンデを国民東インド党（マレー語でサレカット・ヒンディア）と改名し、東インド居住者のすべてが会員になることができ、祖国東インドの福祉と繁栄を促進し、祖国の独立にむけて努力することを唱えた。以前の東インド党とほぼ同様の主張である。

図5－3　バタヴィアのインドネシア共産党執行部
出典：Blumberger, 1987

しかしユーラシアンは、もはや原住民や他の民族集団との紐帯役を志向しなかった。一九一四年以降ヨーロッパ人と原住民との公務員の給与が一元化され、格差が撤廃された。また教育の普及により、東インドの公職に就く原住民が増加し、ユーラシアンは彼らに職を奪われる危機感を強めた。ヨーロッパ人の法的地位を持つ彼らは、オランダが一九一八年に導入した、ヨーロッパ人、原住民、外来東洋人の代表より構成される植民地議会（フォルクスラート）に代表を送り、オランダ体制下で居場所を模索し始めた（ブルンベルヘル一九三九：七一―七六）。

原住民運動家たちも、当初は植民地議会をとおして、東インドの自治の獲得さらにその先の独立を期待した。しかし、イスラム同盟の拡大により生じた地方反乱や本国政府の保守化により、オランダは一九二一年以降、東インドへの権限委譲に消極的となった。原住民運動家たちは、オランダへの非協力の姿勢を強めた。

一方イスラム同盟では、ハジ・アグス・サリムらイスラム改革派と社会主義者の間に主導権争いが生じた。その結果、前者により一九二三年に二重党籍が禁じられた。社会主義者はイスラム同盟を去り、翌二四年に東インド共産主義者同盟をインドネシア共産党に改称する。共産党は、反帝国主義を掲げてインドネシアの独立を唱えた。また前述のサレカット・ヒンディアは、中部ジャワで原住民の支持を獲得し、中部ジャワ王族や貴族たちへの対決姿勢を示した。一九二三年にオランダはこの党を解党させたが、支持者の多くはその後も共産党で活動を続けた（Shiraishi 1990: 165–215, 273）。

†社会主義思想とニャイ

原住民の間で、インドネシア共産党への期待は高まっていた。共産党は、乱れた世の中を本来あるべき世界に変える理想王が現れるという、ジャワ人の理想世待望思想と共産主義を連関させることで、ジャワの農民層にも支持者を獲得した。支持者が増えるなかで共産党は、一九二六年末から二七年にかけて植民地体制の打倒を掲げ、西ジャワのバタヴィア、プリアンガン、バンテン、中部ジャワのスラカルタ、西スマトラで武装蜂起を試みた。しかし、蜂起はオランダの弾圧により失敗し、一万三〇〇〇人の逮捕者を出し、共産党は解党させられた（McVey 1965: 323-346）。

社会主義思想の展開は、運動家のニャイ観を変えた。スマランの社会主義者の機関紙『シナル・ヒンディア（「東インドの光」）』の一九一九年の記事は、金銭の虜となるニャイの愚かさとともに、ニャイが資本主義者に弄ばれることを説いた（*Sinar Hindia* 1919）。イスラムの背教者から、植民地支配の被害者へとニャイのイメージが転換し始めたのだ。

また女性運動家のなかから、ニャイの心性を批判する男性運動家を非難する意見が出た。一九一〇年代の半ば以降、マレー語による女性向け定期刊行物が出版され始めたが、そのひとつである『運動する女性（*Perempoean Bergerak*）』一九一九年一二月一六日号には、マリアムというペンネームの女性が寄稿し、ニャイを批判する男性の女性観をきびしく問うている。マリアムは、あるジャワ人社会主義者が、原住民女性がヨーロッパ人のニャイになることは、ジャワの下層の娘が貴族の嫁になるようなものであると論じたことに反論した。マリアムは、自らを下層出身者と位置付け、資本主義が原住民女性をヨーロッパ人のニャイにしてしまい、一方有識者の男性はしばしばヨーロッパ人女性と結婚し、家庭でオランダ国歌を歌う羽目になっていると嘆く。そして原住民女性がニャイにならざるをえない社会にあぐらをかく男性有識者に、ニャイを非難する資格はないと訴えたのだ。ヨーロッパ系住民の運動からの後退により、原住民とヨーロッパ人の差異が強調されるなか、ニャイ問題と原住民男性のヨーロッパ人女性との結婚が、連関して語られ始めた。

ニャイを植民地支配の犠牲者とする観念は、民族主義運動の進展とともに強まっていった。それを典型的に示すのが、一九二三〜二四年のニ・アナをめぐる裁判闘争である。西ジャワ出身のアナは、茶のプランテーション企業に勤めるオランダ人グリュッテリンクのニャイであった。しかし、一九二二年にグリュッテリンクが留守中、彼女が家に男友達を呼び込み、カード遊びをしていたところを帰宅した彼にとがめられ、ニャイを解雇された。その後、同年、グリュッテリンクは体調を崩し、ヒ素中毒で亡くなった。そして解雇後もグリュッテリンクに薬を届けていたアナが、ニャイを解雇されたことを恨み、元主人を殺害した疑惑で、起訴された（White 2004）。

一九二三年一月、アナは死刑判決を受けた。しかも彼女は妊娠していた。東インドの新聞はこの出来事を大きく報道し、その死刑判決の不当性を訴えた。前述したイスラム同盟のハジ・アグス・サリムも、イスラムやキリスト教の教義に背くニャイ慣行を容認するオランダに、アナを死刑にする資格がないことを訴えた（*Pahlawan* 1923; *Neratja* 1923 no. 20）。

オランダもこうした動向を無視できず、バタヴィアの高等裁判所は、裁判のやり直しを命じた。その結果、再審が持たれ、アナがヒ素を持ち込んだという家政婦の証言は、取り調べをした警察官や原住民官吏の強要であることが判明、一九二四年三月、アナに無罪判決が下った。

東インド共産主義者同盟系の新聞は、再審の経緯を詳しく報道した。裁判所周辺には数千人の人々が集い、市場ではアナの写真が飛ぶように売れたという。一九二四年に彼女が無罪で釈放されると、東インド共産主義者同盟やイスラム同盟など諸団体が、彼女の釈放を祝う会合を催した。集まった運動家のあいだで、アナは貧しい境遇のなかでニャイとならざるをえず、同棲者にも死別された薄幸の女性とみなされた。従来は婚姻慣行の一翼を担ってきたニャイのイメージは、民族主義者の間で、外来者の「妾」へと変容していた。

†社会主義と東南アジアの民族主義運動

二〇世紀前半期にはインドネシアと同じくベトナムやビルマでも、社会主義の影響を受けた民族主義運動が展開した。

イギリスの支配下におかれたビルマでは、植民地官僚職や企業での職を求めて英語学校に通うビルマ人が増えた。一八七三年にラングーン英語－ビルマ語高等学校が開設され、一八八四年にはラングーン政府カレッジも開かれた。一九〇〇年には、ビルマに約一万七〇〇〇校の世俗的学校が存在し、一九二〇年に先のラングーン政府カレッジはラングーン大学となった。これらの学校教育を受けた人々は、植民地体制下で地主・商工業（経営）・公務員・教員・弁護士などの職業に従事するビルマ人中間層を構成した（伊東・根本一九九九：二七七）。

彼らのうちから一九二〇年に、ビルマの自治を求めるビルマ人団体評議会が組織された。しかしこの団体は、イギリスが導入した、現地の人々が部分的に立法と行政に参画できる両頭制の実施をめぐり意見がまとまらず、分裂状態となった。これに対し一九三〇年、ラングーン大学出身者タキン・バ・タウンが中心となり、イギリス支配からの完全独立を唱えるタキン党を結成した。党員らは、イギリスから入ってきた左翼運動の文献をとおして、社会主義に馴染んだ。タキン党は、イギリスを帝国主義国家とみなし、帝国主義を生み出す資本主義を拒否し、「社会主義国家ビルマの独立」を目指した。このタキン党に、アウンサンやのちにビルマ連邦の首相となるウー・ヌ、ネィ・ウインらが加わった。

またフランス領ベトナムでは、一九世紀後半にミッションスクールやフランス語－ベトナム語学校が設立されたコーチシナをのぞき、北部や中部では科挙が一九一九年まで存在していた。一方、植民地経営に役立つ人材の育成を目指して、漢籍古典を中心とする教育に代えて、フランス語やクォックグー（国語：ベトナム語のローマ字表記）、西洋的知識・技術を教育するための初等・中等教育が、二〇世紀の初めに開始された。また一九〇七年にはハノイにインドシナ大学が開設され、ベトナム人のうちに、新しい知識階層が誕生し始めた。

また第一次世界大戦前後より、フランスに労働者や兵士として赴くベトナム人も増えた。彼らのうちから、フランス共産党の傘下の組織のもとで、労働運動に関与する者が現れた。

グエン・アイ・クオック（のちのホー・チ・ミン）は、一九一一年に見習い船員としてフランスに赴き、民族主義運動に目覚め、一九二〇年頃フランス共産党に入党した。一九二四年に彼は、モスクワのコミンテルン第五回大会に出席し、翌二五年にクオックは、広州の地でベトナム人青年を結集し、ベトナムの完全独立と社会主義的施策の実施さらに世界革命を目指して、ベトナム青年革命同志会を組織した。一九二七年に中国の国民党と共産党の第一次国共合作が分裂すると、クオックは広州を追われモスクワに戻った。こうしたなか、一九二九年にベトナムではインドシナ共産党とアンナン共産党が分立し、コミンテルンは、クオックに党の統一を指示した。一九三〇年二月に彼はそれらをベトナム共産

図5－4　1921年フランス共産党会議に出席したグエン・アイ・クオック
写真：akg-images／アフロ

党に統合し、一〇月にそれをインドシナ共産党とした（桜井一九九九：一三二―一三九）。

社会主義は、元来人種や出自を超えた階級闘争や反帝国主義運動を重視する。一方、インドネシアと同様ビルマとベトナムでも、社会主義が完全独立を目指す民族主義の構築に寄与した。この時期、コミンテルンが民族主義運動との連帯を唱えたことも、それを促した。ビルマやベトナムにも、ヨーロッパ人やインド人、華人ら外来者と家族形成した現地人女性が存在し、また先に述べた第一次世界大戦中にフランスに赴いたベトナム人労働者のなかには、フランス人女性と家族形成したものもいた（Hill 2006: 272、ストーラー二〇一〇：一三四―一三五）。彼らの間や、外来者と現地人女性との間に誕生した子供達を、民族主義者がいかに位置づけていたのか、フィリピンやインドネシアと比較するための興味深い検討材料となろう。

2 原住民と非原住民との結婚

†一九三〇年代の東南アジアの民族主義運動

一九二〇年代後半・三〇年代の東南アジアでは、交通通信手段の発展、新聞や出版物の部数の増大、世界恐慌による経済不況や階層の流動化により、社会変化が幅広い人々を巻き込む状況が生まれていた。民族主義運動も進展するが、植民地宗主国は運動に厳しく臨み、植民地支配の強化をはかった。他方、植民地支配者と被支配者との対立が強まるなかで、外来者と現地人の婚姻や内縁関係が一層注目を浴び、社会統合は、高い緊張を孕んだ。

インドネシアでは、共産党の解党後、一九二七年にスカルノをリーダーとするインドネシア国民同盟が諸勢力を連合し、インドネシアの解放と独立を唱えて二八年五月にインドネシア国民党を結成。原住民のみがこの党の正規会員となれるとされた（山口二〇一八：一二四）。スカルノは、大衆運動によってインドネシアの政治的独立を達成しようとし、主要都市に支部を広げた。しかし、インドネシア共産党の蜂起に衝撃を受けたオランダは、インドネシア国民党の運動に介入し、一九二九年に国民党に政庁への反乱計画ありとみな

図5－5　裁判中のスカルノ（左から3人目）
出典：Blumberger, 1987

し、党首スカルノを逮捕した。

インドネシア国民党は、自ら解党しインドネシア党を組織し、一九三二年に出獄したスカルノを党首として迎えた。一方民族主義運動のリーダーを養成する目的で、インドネシア教育協会が一九三一年末に創設され、三二年にオランダから帰国したハッタが協会に加わった。しかし、これらの活動にオランダは厳しく臨み、一九三三年にスカルノを、三四年にはハッタを逮捕し、流刑にした。以降、オランダとの協調を掲げる政党しか活動が認められなくなった。

ビルマやベトナムでも反植民地主義運動が、大衆の間で展開し始めた。ビルマでは、ビルマ人団体評議会のメンバーであった元僧侶のサヤー・サンが、下ビルマ諸村をめぐりながら秘密結社を組織し、世界恐慌のもとで負債や人頭税取り立て、イギリス当局による森林への立ち入り禁止措置に苦しむ農民の支持を集めた。一九三〇年末にサヤー・サンは、仏教にのっとり、ビルマ王国の王を称した。そして信者に不死身の力を授けると彼は唱え、約一五〇〇人の信者とともに一二月二二日に対英宣戦布告を行った。彼らは、村長や警察派出所、森林局事務所などを襲撃、反乱は下ビルマ各地で支持を集め、三一年五月〜六月に闘争はピークを迎えた。イギリスは三一年に八〇〇〇人余の軍隊を投じ、さらにインドからも部隊を投入させた。少々の銃以外に大した武器を持たなかった農民の反乱は、三二年四月までに終息し、反乱側は死者千三〇〇名余、逮捕者七〇〇〇名余にのぼった（伊野一九九八：一二八―一四一、一五一―二一六）。

他方一九三〇年に結成されたタキン党は、大衆に訴えるために一九三八〜三九年にかけてゼネストを展開した。しかし、大した成果を得られないまま大量の逮捕者を出し、植民地政庁の弾圧の前にままならぬ状況に陥った。

また共産党が結成されたベトナムでは、一九三〇年五月にゲアンのマッチ工場のメーデー・デモをフランスが弾圧したのをきっかけに、ゲアンとハティン両省で騒擾《そうじょう》事件が多発した。九月にゲアン省庁前での農民デモにフランス空軍が銃撃を加えたことから、ゲアンとハティン両省の農民は立ち上がった。共産党ゲアン委員会は農村が権力を掌握し、ソヴィエトを設立することを指令。多くの村で自衛団が作られ、共産党が村落を指導し、地主の土地や米を奪って貧民に分配した。しかし、フランスの介入により運動の基盤の村落は分裂し、一九三一年五月にゲアン・ハティンのソヴィエトは崩壊。結党まもない共産党の幹部や運動家の大部分も、逮捕された。当時香港にいたグエン・アイ・クオックも、イギリス官憲に逮捕され、しばらく消息が途絶えた。

またフィリピンでは、アメリカとの協議により一九三五年に独立準備政府が成立し、一九四六年の独立が約束された。他方で一九三〇年代に組合組織による労働運動が推進された。一九二九年に発足したフィリピン社会党と三〇年に結成されたフィリピン共産党（三八年に両党は合同してフィリピン共産党となる）が、運動を指導した。両党は労働組合の組織化や労働争議をとおして、農民にも支持を拡大した。また独立を維持したシャム（一九三九年にタイと改称）でも、フランス留学帰りのエリートたちが中心となって一九三二年に立憲革命を起こし、人民代表議会が成立した。

なお、マレー諸王家が植民地体制下で存続した英領マラヤ、保護国となったカンボジアやラオスでは、大衆を巻き込むような運動は特に起きてない。英領マラヤでは、華人系住民を中心に南洋共産党（一九二二～三〇年）、一九三〇年にマラヤ共産党が組織された。しかし、諸王国に分断されたマレー人の間に、支持は広がらなかった。また前節であげたベトナム人を主体としたインドシナ共産党も、ラオス人やカンボジア人の支持はほとんど得られなかった。

ただし、前述の諸運動の背景となる東南アジア内外の人々の交流は、以前にも増して進展しており、次に述べるようにインドネシアも例外ではなかった。前章でみたように、東インドのヨーロッパ人や華人は一九二〇年から三〇年の間で、一・四〜一・五倍に増加した。そのため、東南アジアの人々と外来系住民や外国人との内縁関係や婚姻も増えていた。

✝東インドにおける「混淆婚」の増加

一九一〇年代から二〇年代にかけて、インドネシアではヨーロッパ人男性と現地人女性（華人系住民も含む）の婚姻数が増加する。一九〇五年には、東インドで結婚したヨーロッパ人男性の結婚相手の約一五パーセントが現地人女性であったが、一九一七年にそれが約二〇パーセントとなり、一九二二年に二三・八八パーセント、一九二四年に二九・七一パーセント、二七年に二八・八九パーセント、一九三〇年に二二・七六パーセントを記録した（華人系女性との結婚はそのうちの二〜三パーセント）（*Volkstelling 1930*（1933）: 66）。現地生まれのヨーロッパ人が居住した場所で、その割合が高かったが、現地人女性と結婚したヨーロッパ人男性には、新来者も四割近く含まれていた。植民地軍に勤務するヨーロッパ人兵士が、その多くを占めた。

これらの婚姻は、当初同棲の状態から、その後子供ができると正式結婚に移行する場合

図5－6　現地人女性とヨーロッパ人の家族
出典：Baay, 2010

が多かった。男女の出会いの場は、ヨーロッパ人や華人さらに日本人（一八九九年から東インドにおけるヨーロッパ人と同等の法的地位を獲得）の経営するホテルやカフェ、兵舎周辺の飲食店などである。オランダ植民地政庁がニャイとの同棲を自粛するなかで、外来者に現地人女性を斡旋する役割は、それまでの村長や郡長から、ユーラシアンや華人に移った。

外来者が現地人女性をニャイにすることへの批判は、民族主義者やムスリムの間で盛んであったが、こうした現地人女性とヨーロッパ人男性の婚姻は、彼らの新聞ではほとんど取り上げられなかった。下層出身者の多かった現地人女性が正式結婚し、安定した地位を得ることは、容認できたのであろう。性モラル向上運動とともに民族主義運動の進展が、婚姻数増加を促したことは否定できない。一九三〇年代のヨーロッパ人とインドネシア人女性との結婚比率も、全婚姻数の二〇パーセントを超えることが多かった（*Indisch Verslag* 1932: 40-41, 1934: 49, 1937: 52, 1939: 54）。

†インドネシア民族意識と母親像

他方、数の上では少ないが、原住民男性とヨーロッパ人女性の結婚も増え始めた。原住民有識者がヨーロッパ人女性と結婚することは、以前からあった。ブディ・ウトモの創設に関与したラジマンをはじめ、チプト・マングンクスモやブディ・ウトモのメンバーでのちにインドネシア民族党（一九三〇〜四二年）のリーダーとなるストモは、ヨーロッパ人の妻を有した。しかし、ヨーロッパ系住民の運動からの離脱とともに、現地人男性がヨーロッパ人女性と結婚することへの批判は強まっていった。

ニャイが資本主義の犠牲者と観念されだした一九一九年、ラジマンとヨーロッパ人女性との婚約が話題となった。イスラム同盟の実質的な機関紙『ウトゥサン・ヒンディア（「東インドの使者」）』やブディ・ウトモの関係紙『ダルモ・コンド』は、彼の婚約が愛情にもとづくものか、疑義をはさんだ（*Oetoesan Hindia* 1919; *Darmo Kondo* 1919）。たとえば『ウトゥサン・ヒンディア』は、ジャワ人が外国人を本当に愛することができるのだろうか、疑問を呈した。学校教育の普及と民族主義運動の展開とともに、愛情にもとづく同一民族内の自由結婚が理想とされだした。そして原住民男性とヨーロッパ人女性の結婚には、

図5-7　ストモ夫妻　出典：Dukut, 2010

そうした愛情が欠如するとされたのである。

とりわけ女性運動家のこうした混淆婚への反発は大きかった。民族主義者が編集主幹の『ビンタン・ヒンディア（東インドの星）』の婦人欄編者アンナ・シャリフは、一九二五年の論説でこうした結婚が決してあってはならないと力説している。アンナは、オランダ人女性と原住民男性の結婚は、植民地支配者の影響を受けるので、インドネシアの独立を一〇年間遅らせるとする。そして、インドネシア人女性のなかに高等教育をうけた者が出ており、原住民男性有識者が自民族の女性と結婚するべきことを説く。また他の民族主義者たちは、ヨーロッパ人女性がインドネシア人男性と結婚するのは、その富に与かるためであり、ヨーロッパ人男性がインドネシア人女性をニャイにすることとともに、それらは植民地支配者によるインドネシア人搾取の典型とみなした（*Bintang Hindia* 1925a, 1925b; *Soeara Indonesia* 1931）。

またムスリムの間でも、反対意見が出された。元来イスラムは、ムスリム男性と非ムスリムのユダヤ教徒やキリスト教徒などの「経典の民」の女性との結婚を認めていた。しかし、民族主義運動の進展とともに、ムスリムもその影響を受けはじめた。たとえば一九二八年のイスラム改革主義者の有力誌の一つ『プヌラガン・イスラム（「イスラムの照明」）』では、高学歴のインドネシア人男性がヨーロッパ人女性と結婚する傾向にあることを問題視し、家庭が帝国主義に侵される危険性を女性読者に訴えている（*Penerangan Islam* 1928）。

インドネシア民族主義者は、家庭や子供の教育における母親の影響力を重視した。彼らは、ここまで述べてきたような結婚により子供が中途半端な位置に置かれ、民族意識の後退を招くと懸念した。だが、彼らの考えについて逆の見方をすれば、ヨーロッパ人男性とインドネシア人女性の結婚で、法的地位はヨーロッパ人となっても妻のインドネシア人性は消えず、その家庭は女性の影響を強く受けると彼らがみなしていたことになる。彼女らは、夫とともに東インドでの永住を望む者が多く、夫も階級意識が強いヨーロッパ人コミュニティと距離を置いていた。インドネシア民族主義者にとり、原住民女性を妻とするヨーロッパ系住民は、植民地支配者との緩衝的存在だったのである。

†新婚姻法案

一九二九年の世界恐慌により東インドの私企業が不況に陥ると、ヨーロッパ人男性の来航者は減少し始め、東インド在住のヨーロッパ人女性と現地人男性との結婚が増加した。またオランダに留学する現地人男性が増え、ヨーロッパ人女性と結婚するケースも珍しくなくなった。一九三〇～四〇年のインドネシア人男性とヨーロッパ人女性の婚姻数は、次のように報告されている。一九三〇年：六、一九三一年：二七、一九三二年：三九、一九三三年：二四、一九三四年：三六、一九三五年：三三、一九三六年：四三、一九三七年：二九、一九三八年：二三、一九三九年：三五、一九四〇年：二〇（*Indisch Verslag* 1932: 41, 1934: 49, 1937: 52, 1939: 54, 1941: 62）。

数の上では、ヨーロッパ人男性とインドネシア人女性との婚姻数の一割程度であるが、インドネシア民族主義者だけではなく、オランダもこれに高い関心を払った。オランダは、一夫多妻が認められかつ離婚率の高いムスリム現地人男性との結婚が、ヨーロッパ人女性の境遇を不安定にさせることを懸念した。そこでオランダは一九三〇年代に、一夫一妻制を謳う婚姻法の制定を検討し始める。男女間の平等な権利を保障するために、従来ムスリム男性の婚姻や離婚を司ってきたムスリム役人（プンフル）を介さず、婚姻は役所の民事登録で、離婚は法廷で処理しようとしたのだ。また、これまでムスリム男性に優先的に付与されていた離婚権を、女性にも対等に保障しようとした。さらに東インドでしばしば見られた幼児婚を避けるために、男性は一八歳以上、女性は一五歳以上という結婚年齢制限を設けた（Ontwerp-Regeling 1937）。

一九三七年に三四条よりなる新たな婚姻法案が出来上がり、政庁の原住民顧問官は、まず現地人女性団体のリーダーたちの反応を見ようとした。インドネシア夫人連合会、民族主義運動と関わりながら成立した私立教育機関タマン・シスワ、インドネシア夫人、覚醒した夫人、スンダ夫人会、スマトラ主婦連合の諸団体代表者たちが、同年の六月六日に原住民顧問官の自宅に招かれた。一夫多妻制に反対し、離婚における男女の平等な権利を唱えていた彼女たちは、総じて法案に好意的であった。彼女たちは、その法案がインドネシア人女性の権利にも同等に配慮されたことを評価し、ヨーロッパ人女性とインドネシア人男性の混淆婚批判を当初は展開しなかった（Conferentie 1937; Locher-Scholten 2000: 199）。

図5-8　インドネシア女性団体のリーダーたち
出典：Locher-Scoholten, 2000

†ミアイ（インドネシア・イスラム会議）の結成

一方イスラム団体は、この法案に対し厳しい態度で臨んだ。従来のオランダの政策は、ムスリムの宗教活動について、反植民地主義的でない限り干渉しない原則を保持してきた。しかし、この婚姻法案は、彼らの生活の根幹に触れていた。

一九二〇年代・三〇年代中葉までのインドネシアには、ムスリムを統一的に束ねる団体は存在しなかった。先のイスラム同盟は、一九二三年に東インド共産主義者同盟と袂を分かった後、イスラム同盟党と改称し、イスラム改革派団体のムハマディヤ（一九一二年設立）と協力関係を強めた。ムハマディヤは、近代的な学校教育や病院などの社会活動に参画しつつ、コーランやムハンマドの言行録（ハディス）に立脚し、イスラム世界の内部改革を目指した。これに対し、一九二六年に保守派のイスラム教師を中心に、ナフダトゥル・ウラマーが設立された。イスラム同盟党はその後、ムハマディヤと距離をおき、インドネシアのムスリム団体であることを標榜して、一九二九年インドネシア・イスラム同盟党と改称する。この党は一九三五年に四万五〇〇〇名の党員を有したが、主導権争いから分裂状態に陥った（増田一九七一：一〇六―一〇七）。

こうした状況下で、婚姻法案はイスラム諸団体に新たな動きを起こした。保守派のムスリムは、コーランの認める一夫多妻制は、一夫一妻制よりも非合法の同棲や売春行為を防ぐものであると反論した。また政庁が新婚姻法をとおして、ムスリム役人のプンフルを廃し、ムスリムの婚姻に干渉することに強い反発が生じた。ジャワやスマトラの各地のイスラム団体が、新婚姻法案への反対を表明したが、とりわけ新婚姻法の趣旨が、原住民男性と結婚するヨーロッパ人女性の権利に配慮したことに反発は強かった。彼らは、ヨーロッパ人男性がインドネシア人女性をニャイとしていることをオランダが放置し、ヨーロッパ人女性の境遇のみを保護していると批判した（Moehammad Hasan 1937; *Pandji Islam* 1937）。

そのようにヨーロッパ人女性とインドネシア人男性との結婚とニャイ問題が、連関して議論されだした。前述のようにムスリムの間でも、婚姻法案が規定する一夫一妻制をめぐり、意見が分かれていた。また民族主義者たちは、概して一夫一妻制を支持していたし、民事登録にも抵抗はなかった。諸勢力が一致して法案に反対できたのは、オランダがインドネシア人女性をニャイとしていることを放置し、ヨーロッパ人女性の境遇のみを保護しているという論点であった。婚姻法案を議論するに当たり、ムスリム有識者はしばしばニャイ問題を取り上げ、法案の不公平さを訴えた。そして一九三七年七月には西はアチェから東はアンボンにいたる広範な諸地域で、新婚姻法案が出版物や集会で議論されだした。また一九三五年にブディ・ウトモとインドネシア民族党が合併してできた、オランダと協調路線をとる民族主義団体を代表する大インドネシア党（パリンドラ）も、この婚姻法案に反対した。

これをきっかけに、ムハマディヤ、ナフダトゥル・ウラマー、インドネシア・イスラム同盟党などの間で会合が持たれ、イスラム組織間の連携が模索された。一九三七年九月、これまで多様な諸団体が存在していたインドネシア人ムスリムの間で、インドネシア・イスラム会議（ミアイ：MIAI）が結成された（Benda 1958: 90、土佐林二〇一七：二一―二五）。

民族主義運動を力で制してきたオランダは、ムスリムのインドネシア人意識を過小評価していた。予想を超えた抵抗を受けたオランダは、一九三八年二月に新婚姻法案を撤回。一方ムスリム達は、ヨーロッパ人と華人がムスリム女性をニャイとすることを、オランダが法律で禁じることを提起した。しかし、オランダ体制下で彼らの訴えは実現しなかった。

二〇世紀前半のインドネシアは、民族間の緊張が高まる一方で、その婚姻も進行する興味深い事例を提示している。「混淆婚」や子供認知の前提となるニャイ慣行は、相変わらず存在していた。外来系住民の性比が不均一な状況下、民族間の垣根が高くなればなるほど、こうした女性の存在は重要となったのだ。ただし、統合は限界を迎えつつあった。一九三七・三八年のムスリムの運動は、ニャイ慣行にも少なからぬ影響を与えた。それまで各年の全婚姻数の二〇パーセントをしばしば超えたヨーロッパ人男性とインドネシア人女性の結婚は、その後一五パーセント前後に下降し、ニャイとの間に生まれた子供の認知数も減少した（*Indisch Verslag* 1939: 54, 1941: 62）。インドネシアの枠組のもととなるネットワークを形成したユーラシアンや華人系住民の活動を支えてきたニャイも、社会的役割を終えるときが近づきつつあったのだ。

3　日本占領期東南アジアの社会変容

†日本の東南アジア占領

東南アジアは、第二次世界大戦中に日本軍政を経験した。日本は、仏印進駐の招いたアメリカとの関係悪化により、石油や鉄鉱石などの重要資源を獲得するためにこの地域を軍事占領するに至ったのだ。日本は、東南アジア占領のため、治安の確保、現地自活、重要資源の確保の軍政三原則を掲げた。二年半から五年（仏印進駐を含む）におよぶこの占領期に、戦争遂行のため現地で大衆動員や食糧調達がなされ、紙幣（軍票）の乱発によりインフレーションが進行し、社会不安が東南アジアの人々の末端にまで及んだ（倉沢一九九二、小林英夫一九九三：一五三―一八〇）。また敵性国人となるヨーロッパ系住民と華人系住民は、

図5－9　ジャカルタに掲げられた日本軍の進撃を宣伝する看板　出典：Raben, 1999

厳重な監督下におかれた。

日本の東南アジアへの軍事進出は、一九四〇～四一年の北部仏印進駐・南部仏印進駐に始まる。四〇年六月にフランスがドイツに占領されると、日本は蔣介石《しょうかいせき》の支援ルートを遮断するために、七～九月に北部仏印に進駐し、ヴィシー政権下にあったフランス政庁は、日本軍への協力を強いられた。さらに日本は、四一年の六、七月に南部仏印へも進駐した。これに対しアメリカ、イギリス、オランダは、日本人の在外資産の凍結を決定する。さらにアメリカは、日本への石油輸出の禁止に踏み切った。これに対し日本は、東南アジアに活路を見出そうとし、一九四一年の一一月下旬に「南方占領地行政実施要領」を決定した。

四一年一二月八日の日米開戦以降、日本軍はフィリピンとマレー半島に上陸し、四二年一月までにフィリピンと英領マラヤを占領した。さらに二月にシンガポールを占領し、そこからオランダ領東インドの攻略にかかり、三月にインドネシア全域を占領した。四一年一二月に日本と同盟条約を締結したタイは、日本軍のビルマ攻略のための前線基地となり、その結果四二年のなかばまでに、ビルマは日本軍の占領下に入った。

重要資源の獲得が期待されたインドネシアでは、四二年三月七日から日本による軍政が開始された。また多数の人口を抱えたジャワ島は、労働力調達のためにも重要となった。一方ベトナムやタイさらにビルマは、米の供給地となることが期待された。

日本は東南アジアを占領するにあたり、「南方諸民族の解放」を掲げ、住民の協力を得ようとした。東南アジア側のうちにも、当初日本に期待する者がいた。しかし日本軍は、占領統治を進めるにあたり、現地人の政治運動や言論の自由を厳重に規制した。また日本軍による労働力や食糧の徴発は、人々にとり大きな負担となり、やがて各地で反日運動が生起した。

日本の戦況は、四二年後半から不利になり、四四年一〇月から米軍がフィリピンに再上陸、フィリピンはアメリカに再占領された。ビルマやインドネシアでも、日本軍は連合軍の反撃を受けるようになり、ビルマでは四五年五月にラングーンが連合軍により再占領された。またボルネオ島の東部も、終戦時までに連合軍の占領下に置かれた。

インドネシア社会に大きな影響を与えたのが、軍政協力のための現地人の動員である。比較的豊かな人口を有したジャワ島で日本軍は、治安の維持と日本軍へのさらなる協力のため、一九四三年より警防団や青年団の組織化をはかった。具体的にはジャワの二〇～三五歳の男子一二八万六八一三人に、二万一〇一〇団の警防団を組織させ、地域の治安維持と勤労奉仕に当たらせた。また青年団には、主に一四～二五歳の青年を動員し、軍事教練のほか勤労奉仕を行なわせた。ジャワ島では四〇一一団、六七万二四八六人の青年団が組織されたが、日本軍は青年団に、軍事的に大予備軍となる構想を当初有していた（早稲田大学大隈記念社会科学研究所一九五九：一八四－一九〇）。また日本軍は、反オランダ意識を鮮明にしたイスラム勢力を軍政協力のために優遇し、ミアイに代わり四三年にムハマディヤとナフダトゥル・ウラマーを中心に、マシュミ（インドネシア・ムスリム協議会）を設立した。そしてマシュミに、宗教行政人事や自身の義勇軍ヒズブラ（回教挺身隊）の設立を委ねた（小林寧子二〇〇八：一八三－一八四）。

戦局が悪化する中で、ジャワの日本軍の多くが、太平洋諸地域に転進させられた。それで手薄になった日本軍の補助兵力として、四三年一月よりインドネシア人の兵補が編成された。終戦までに約二万五〇〇〇人の兵補が、インドネシアだけでなく、ビルマでも道路や軍事施設の構築のために活用された。さらに、防衛目的で設置されたのが、郷土防衛義勇軍であった。四三年一〇月から組織された郷土防衛義勇軍は、実際にインドネシア人に武器を持たせ、編成された。終戦時までにジャワで三万三〇〇〇人が、この義勇軍に加わっていた。

図5-10　青年団の訓練　出典：Raben, 1999

　その他、日本軍は鉄道建設や道路建設、飛行場の建設や防衛、軍需工場での作業のため、多数の労働力を必要とした。タイとビルマを結ぶ泰緬《たいめん》鉄道の建設には、ビルマ人やタイ人だけでなく、マレー人やジャワ人などの労務者も多数動員された（吉川二〇一二）。労務者募集では、建前として当人の自発的意志による参加とされていたが、実際は日本の軍政監部の意向を受けた関係行政機関が、強制的に徴用した。

　こうした動員政策や食糧調達を日本は、州長―県長―郡長―村長―区長（州長は日本人、以下はインドネシア人）をとおして実行させた。しかし、その効率を向上させるために、日本は一九四四年に隣組（一〇～二〇戸）を設けた。この隣組の定期的な会合には全戸が出席した。このような会合は、従来の村や区には存在しなかった。隣組は、中央政府につながる行政機構と村人とを直接媒介する組織となった。警防団や青年団などの組織も全国的な規模で作られ、一般住民が地域の末端レヴェルで関与することとなった。生活の中にごく自然な形で、組織や政治活動が入ってきたのである（倉沢二〇〇二：五〇）。

こうした状況下で、食糧不足や労務者の徴用、インフレーションによる物品の高騰などの社会不安が伝達され、多くの人々が、社会の動向に関心を払わざるを得なかった。インドネシアだけでなく、一九四四年に飢饉により多数の犠牲者を出したベトナムをはじめ、激戦地となったフィリピンやビルマも同様である。そうして日本軍政末期から、東南アジア側の政治活動は活性化し、それは植民地時代とまったく規模が異なるものとなった。

†日本軍政と独立運動

日本は戦局が劣勢になり始めると、連合軍への対抗と占領地での反日活動を鎮めるため、一九四三年にビルマとフィリピンに独立を認めた。ビルマでは、四二年の終わりから連合軍の空襲が始まり、また当初日本軍に期待した民族主義運動のリーダーのアウンサンは、抗日組織をまとめ一本化した。こうした事態に対し、日本は四三年一月にビルマに独立付与を宣言し、四三年八月一日にバ・モオを国家主席とする傀儡《かいらい》独立国を誕生させた。またフィリピンでも、抗日ゲリラ運動を懐柔するために、四三年一〇月にラウエルを大統領とする共和国を成立させた。バ・モオとラウエルは、大東亜の一致協力を謳う四三年一一月の東京での大東亜会議に、タイの代表とともに出席した。

この大東亜会議に重要資源の供給地のインドネシアやマラヤの代表は、招かれなかった。しかし、四四年七月に米軍の攻撃によりサイパン島が陥落すると、東南アジアが連合軍への防衛拠点として重要になった。四四年になるとインドネシアの各地で反日活動が起こったが、これに対し、四四年九月に首相の小磯国昭は、東インド（インドネシア）に将来独立を付与することを発表。そして独立に向けて諸問題を検討するため、インドネシア人、華人、アラブ人、ユーラシアンの代表六二名の委員と日本側の委員八名よりなる、独立準備調査会が四五年五月に発足した。

準備調査会は、第二回目が七月に開催され、独立準備がほぼ整ったので、八月一八日には代わって独立準備委員会が発足することが決められた。しかし、委員会が開かれる前に、日本が八月一五日に降伏。日本軍は、現状維持のまま連合軍を迎えねばならず、インドネシア独立を進展させることができなかった。これに対し、日本占領下で活動を活性化させた青年層が、スカルノとハッタに迫り、八月一七日に独立を宣言させた。九月に連合軍が上陸し、オランダは、日本軍政下のインドネシア独立を認めず、インドネシアと戦闘状態に入った。インドネシア独立戦争の始まりである。

同様にベトナムでも、一九四一年にベトナム独立同盟（ベトミン）を結成したホー・チ・ミンが、日・仏二重支配下で活動を伸展させた。米の供出を期待されたベトナムは、四四年一〇月より飢饉に見舞われ、またインフレが進行した。日本は四五年三月にフランス軍を制圧し、フエ王朝の末裔バオ・ダイを担ぎ出し、ベトナム国を独立させた。しかし、日本もバオ・ダイも、人心を掌握することができず、ベトミンは勢力を拡大。ホー・チ・ミンは、日本降伏後の九月二日にベトナム民主共和国の独立を宣言した。しかし、フランスはこれを認めず、一九四六年一二月よりベトナムとフランスとの間で第一次インドシナ戦争が始まった。

ビルマでは一九四三年八月に、日本軍がバ・モオを首相とするビルマを「独立」させたことを先ほど述べた。アウンサンやウー・ヌらタキン党員も、閣僚に就任し、ビルマ国軍も組織された。しかし、日本軍の物資の強制調達や軍票の乱発によるインフレの蔓延は、タキン党員に抗日の準備を始めさせた。一九四四年に日本がインパール作戦に失敗すると、彼らは八月に抗日のための統一組織「反ファシスト人民自由連盟」を結成した。一九四五年三月、自由連盟や国軍さらに農民義勇軍が抗日蜂起し、連合軍のビルマ再占領に協力した。

イギリスは、第二次世界大戦前から構想していた段階的自治の付与をとおして、ビルマを独立させようとしていた。しかし、日本軍政下で住民の支持を拡大したタキン党員や国軍は、これを受け容れず、一九四八年一月に完全独立をイギリス側に認めさせた（伊東・根本一九九九：三八七―三九三）。

図5-11　オランダ人の収容所　出典：Raben, 1999

日本占領下で、ヨーロッパ人とアジア人の差異は一層強調された。占領下の欧米人は、軍関係者が収監され、その他も多くが収容所に移された。インドネシアではヨーロッパ系住民のうち、約四万二〇〇〇名の東インド軍関係者が収監され、約一〇万名が収容所に入れられた。それ以外の約二〇万名のユーラシアンは各家での居住が認められたが、日本軍への協力が求められた。彼らはオランダ語の使用が禁止され、インドネシア人助手を伴った日本軍憲兵隊の厳しい監視下におかれた（Jong 2002: 509-528; Schenkhuizen 1993: 167-178）。華人も同様で、日本軍政への協力が強く求められ、反日活動は厳しく弾圧された。植民地支配者と現地人の仲介役でなくなったユーラシアンや華人は、単なるマイノリティにすぎなくなってしまった。

4 国民統合への道程

†インドネシアの独立

一九四五年八月一七日に独立宣言したインドネシアは、ただちに国家体制の整備にかかった。独立準備委員会は、インドネシア共和国憲法を制定し、スカルノとハッタを正副大統領に選出する。さらに内閣制度、地方制度、独立準備委員会に代わり国会の役割をする中央国民委員会、人民保安団（のちのインドネシア共和国軍）の設置を決めた。九月五日には初代内閣が組織され、全国八省の知事も任命された。

一方、独立意識を高揚させた青年層は九月初めより、ジャカルタの鉄道駅や電車駅、ラジオ局を占拠し、九月終わりまでにジョクジャカルタ、スラカルタ、マラン、バンドゥンの主要施設も青年たちの支配下におかれた。九月後半にイギリス軍を主体とする連合軍が、

図5-12　ジャワ島

オランダ人の収監者と収容者を解放し、日本降伏を引き継ぐために、ジャワやスマトラに上陸を開始。インドネシア人青年たちと、オランダ人や東インド軍の収監・収容解放者、ユーラシアン、中国人、日本人との間で、一〇月になると衝突が起き、ジャワのプカロンガン、バンドゥン、マグラン、アンバラワ、スラバヤなどでは本格的な戦闘となった。とりわけスラバヤでは日本軍から譲渡された武器をもとに、ムスリムの青年達や人民保安軍が連合軍と激戦となり、インドネシア側は敗走させられた。

一一月・一二月には、青年層の急進派が、共和国への忠誠が疑われる県長や村長、警察官に対し、攻勢をかける。プカロンガン州では、三県長とともに知事も急進派の支持者に代えられた。四五年一二月～四六年三月には、アチェにおいてオランダ体制下で存在を認められた有力ウレーバラン（地方領主）やその家族を、ウラマーの支援のもとに青年層が粛清した。また北スマトラ東海岸では、バタック人やジャワ人の青年急進派が、オランダ時代に農園企業に土地を貸与して利益を上げてきたスルダン、アサハン、クワルのスルタン王家とカロ・バタックとシマルングン・バタックの首長に攻勢をかけ、彼らを廃絶した。こうした状況下で、四五年一〇月に共産党が、一二月には社会党が、四六年一月には国民党が設立され、日本占領期に結成されたマシュミも同名のイスラム政党となった。

オランダは四六年一月にジャカルタを占領し、四月にはイギリスからバンドゥンも委譲された。そのためインドネシア共和国は、首都をジョクジャカルタに移さざるを得なかった。

そしてオランダは植民地時代の利権を維持するために、インドネシアに連邦国家の樹立を画策し始めた。四六年一一月にイギリスは撤退するにあたり、オランダとインドネシア共和国の双方に、共和国のジャワ、マドゥラ、スマトラにおける主権を認め、双方がインドネシア連邦共和国の形成を目指す、リンガジャティ協定を調印させた。しかし、翌四七年七月、オランダはさらなる勢力の回復をはかり、警察行動と称して、西ジャワ（バンテンを除く）を占領し、スラバヤより東部ジャワ地域とマドゥラ島を占領した。またスマトラでは、メダン周辺の農園企業やパレンバン、パダンを占領した。

これに対し国連が仲裁に入り、四八年一月にアメリカの軍艦レンヴィル号で、オランダ側の主張する停戦ラインを容認するレンヴィル協定が、オランダとインドネシアの間で調

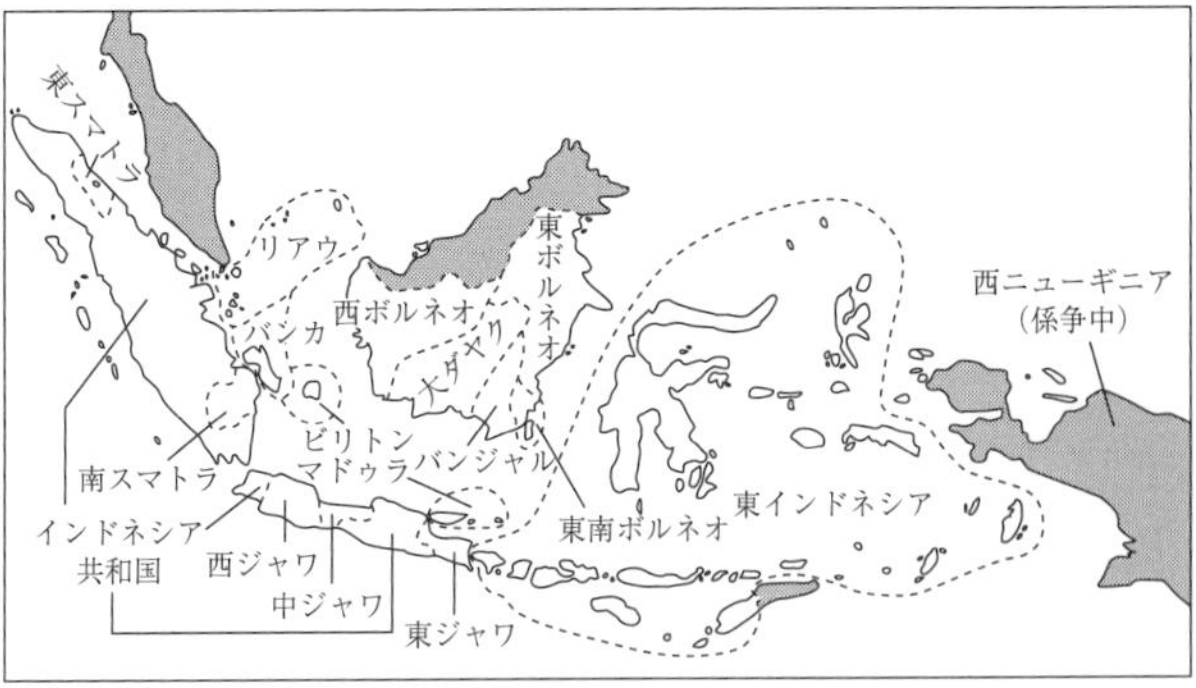

図5-13　インドネシア連邦共和国

印されたが、この協定は共和国内部に不満を呼んだ。そのため共和国内の反対勢力は、九月にマディウンに拠点を構え、国民戦線政府の樹立をこころみた。その直前にソ連より帰国したムソを含む共産党幹部は、マディウンに赴き事態を掌握しようとした。共和国政府は、マディウン蜂起はムソの指導による反乱と見なし、政府軍が蜂起を鎮圧した。

一方、オランダは四八年一二月にレンヴィル協定の破棄を国連に通告し、二回目の警察行動を起こし、共和国の首都ジョクジャカルタを占領し、スカルノとハッタを拘束した。これに対し、国連安全保障理事会はオランダへの非難決議を採択し、停戦を呼びかけた。東西冷戦が進行するなかでアメリカは、共和国がマディウン事件を鎮圧した反共政権であると判断し、オランダと共和国との仲裁に乗り出した。その結果、四九年八月よりハーグで円卓会議が開かれ、同年一二月にオランダは正式にインドネシア連邦共和国に主権を譲渡した。

それまで東インドでの永住を志向していたユーラシアンたちも、独立闘争時に多くがインドネシア人と亀裂を深めた。ヨーロッパ人の法的地位を有した東インド住民は、ハーグ円卓会議ののち国籍の選択を迫られ、彼らの約九割はオランダ国籍を選んだ（Meijer 1995: 240）。またヨーロッパ人男性と結婚したインドネシア人女性も多くが、オランダに移った。

†インドネシアの国民統合

スカルノは、多様な政治勢力を抱えながら、国民統合に着手した。まずスカルノは、オランダの影響力を排除するためにインドネシア連邦共和国を解散させ、翌五〇年にインドネシア共和国に単一化した。一方、インドネシア国籍を選んだユーラシアンたちは、インドネシア人として生きていくこととなった。かつての東インド党リーダーのダウウェス・デッケルは、スティアブディに改名し、インドネシア人となった。

一九五〇年代のインドネシアでは、民族主義者、イスラム勢力、共産党の諸勢力が拮抗した。さらに軍部内の対立と政治勢力が絡み、一九五七～六一年にスマトラとスラウェシで、中央政府への反乱が起きた。また南マルクでも独立直後から、共和国からの分離運動が起こった。さらに西ジャワ、南スラウェシ、アチェでは、一九五〇年代から六〇年代前半にかけて、イスラム勢力がダルル・イスラム（「イスラムの家」）を掲げて、イスラム国家建設を唱え、中央政府に反乱を起こした。しかしアチェのダルル・イスラム運動を除き、全てが鎮圧された。インドネシアでは五〇年の暫定憲法により政党内閣政治が行われていたが、スカルノは国民統合を強化するため、一九五〇年代後半に「指導された民主主義」をかかげた。また四五年憲法への復帰を宣言し、大統領権限を強化した。

スカルノは、独立革命の完成を唱えた。インドネシアは、オランダ系企業を一九五七年に接収し、国営企業とした。また約四万六〇〇〇人のオランダ人がインドネシアから追放された。さらに一九六一年よりオランダに対し西イリアン奪還闘争を行った。

また六二年にマレーシア連邦の独立構想が提示されると、スカルノはそれをイギリスの新植民地主義的陰謀と見なし、マレーシア対決を宣言し、インドネシアは、マレー半島やサラワクで軍事作戦を展開した。これにより国際通貨基金やアメリカは、インドネシアへの経済援助を停止した。国際的孤立を深めたスカルノは中国に接近し、六五年一月にインドネシアは国連を脱退した。国内では、共産党と、イスラム勢力ならびに多数の国営企業を支配する軍部とが対立を深めた。

†開発独裁体制と家族像

こうしたなか一九六五年九月三〇日に大統領親衛隊長ウントゥン中佐が、軍部の将軍評議会の反スカルノ・クーデタを予防すると唱えて「九月三〇日運動」を起こし、大統領官邸、放送局、電信電話局などを占拠し、革命評議会を樹立した。これに対し、陸軍戦略予備軍司令官のスハルトは、ウントゥンの活動を迅速に鎮圧し、軍部の実権を掌握、スカルノは失脚した。そして軍部は反共勢力を動員して、共産党員を抹殺し始め、共産党と関係するとみなされた華人系住民もその際、多数虐殺された。

スハルトは、六七年三月に大統領代行となり、翌年に第二代インドネシア大統領（在任：一九六八〜九八年）に就任した。スハルトは、スカルノ体制下で沈滞した経済状況を打開するため、開発政策を打ち出し、西側資本主義諸国からの援助や投資を受け入れる対外開放体制に移行した。スハルトは、国民の政府批判や政治活動の自由を厳しく制限し、政治・経済・社会のあらゆる分野に軍人を配置した。そして工業化と農業開発を柱とする経済発展が目指され、交通・通信などの基盤整備が進められた。

スハルトは、独立準備調査会で定められたパンチャシラ（建国五原則：①唯一なる神への信仰、②公正にして礼節に富む人道主義、③インドネシアの統一、④代議制による、英知に導かれる民主主義、⑤全国民にとっての社会的公正さ）を、国民統合の礎においた。また一九七八年以降はすべての公務員と地域社会のリーダーに、「パンチャシラの理解と実践のための指針の研修講座」の受講を義務づけた。さらに一九八〇年以降、「パンチャシラ道徳教育」の教科書が、小学校・中学校・高校に導入された（土屋一九九四：二七四―二九五）。

図5-14　1967年に大統領代行に就任したスハルト
写真：AP／アフロ

　スハルト体制下で、インドネシアの国民統合は進展し、インドネシア政府は、オランダができなかった全住民の婚姻登録に着手した。またインドネシアは独立後、イスラム、カトリック、プロテスタント、ヒンドゥー、仏教を、「唯一なる神への信仰」に叶う宗教として公認し（二〇〇六年以降これに儒教も加わる）、憲法で信教の自由を認めた。一九七四年には、ムスリムも含め一夫一妻制の原則を法律化。婚姻は登録が義務づけられ、離婚や多妻婚には裁判所が介入することとなった。そしてムスリム男性には、離婚に厳しい条件が課され、また婚姻適齢が設定された(小林寧子二〇〇八:二三八―二四六)。またスハルトは、ジャワ島を中心に増加し続ける人口を調整するために出生抑制政策にも取り組み、家族計画の実行を掲げた。国家が、国民の婚姻や家族構成を把握しようとしたのである。

こうしたなかでスハルトは、女性の家庭や社会における役割を重視した。一九七五年からの一〇年間に国連が掲げた国際婦人年の「平等・発展・平和」のテーマに関連させ、スハルトは女性が男性と同じ機会・義務・権利を持つべきとしつつ、一九八三年の国策大綱の「開発のなかの女性」プログラムの基本的原則のなかで、女性の家庭生活における重要性に着目した。「女性の役割五原則」としてまとめられたそれは、服部美奈氏の研究によると、以下のようになる(服部二〇〇一:一九〇―一九一)。

1. 妻として:幸福な家族を共に育成する友人そして配偶者として夫に添えることができるような妻として
2. 次世代の育成者として教育者として:あらゆる時代の挑戦に立ち向かえるような子供たちの心身を鍛え、また子供たちが国家と民族に役立つ人間になれるように準備して

やれるような次世代の育成者として教育者として

3. 家庭を導く母として：すべての家族成員にとって家庭が安全で整った場所であるような家庭を導く母として

4. 職業人として専門家として：家庭の収入を増やすために、政府機関や企業や政界で活躍したり、自営業を営んだりする職業人や専門家として

5. 社会組織の成員として：社会に奉仕するために、特に女性組織や社会団体などの社会組織の成員として

女性組織や団体をとおして社会と関わる重要性を唱えつつ、夫に添い家庭を支え、子供を育成し、家計を助ける女性の役割が強調されている。かつて民族主義運動のなかで語られた民族性を子供に伝える役割が、ここでも述べられている。こうしてスハルトは、女性の家庭・社会・国家における役割を規定するに至ったのである。

†開発独裁後の諸勢力の分立と仲介役

いま述べたように国民統合を進展させたスハルトは、一九九七年よりタイを発端に起こった通貨・金融危機による経済・社会混乱を打開できず、九八年に退陣した。その体制崩

壊後、異なる宗教者間の確執や土地や天然資源をめぐる地域紛争が噴出した。さらに一部の華人系住民は、スハルト体制崩壊後も、現地住民の襲撃対象となった。現在のインドネシアは、軍部、イスラム勢力、民主派勢力など諸勢力がせめぎ合う状況を呈しており、建国の際に謳われた国民統合のモットーは「多様性のなかの統一」であるが、それに逆行する現象が各地で生じている。こうした状況は、インドネシアだけでなく、他の東南アジア諸国でも程度の差こそあれ、同様である。強権的な国民統合が一段落すると、国内の諸集団がその存在を主張する現象が、各地で起きているのだ。

その一方で、人々の交流は、ますます盛んである。近年のグローバル化の進展により、東南アジアへの来訪者は多様化し、東南アジアの人々も世界各地に赴いた。東南アジア女性の活動も、多岐にわたる。開発経済政策の展開とともに一九七〇年代より多くの女性たちが、繊維産業や食品工業、雑貨の生産部門に労働力を提供している。また教育の普及により、公務員や学校教師となり、さらにビジネス部門で働く女性も多い。一方地元の市場での商業活動に従事したり、都市において男性滞在者や旅行者相手に、契約妻あるいは売春婦となる女性も少なくない。さらに二一世紀の今日、東南アジアの女性はＡＳＥＡＮ内をはじめ、東アジアや中東、オーストラリアなどの諸地域に家政婦、医療関係者、技術研修者、健康産業や娯楽産業などの働き手として赴いている（Hugo 2002; Reid 2015: 316–318）。

これに伴い、育児をはじめ家庭における男女の役割は、変容した。前述のインドネシア国家が規定する女性の役割論に、ジェンダー公正を主張するイスラーム・フェミニズム論者やジェンダー平等論者から、批判が起きている。また海外出稼ぎ労働者については、就

図 5-15　道路を挟んで隣接するジャカルタの国立モスクとカトリック教会

業先での雇用者との間のトラブルが問題となっている。ただし、交流が行われている限り、双方の社会に変化がもたらされる。労働者を送り出す側と受け入れる側の双方と関係するブローカーは、両社会をどう見ているのか、重要な検討課題となる。

国民国家の垣根が高くなり、エスニシティや宗教間の差異が強調される今日、異なる集団間に介在する存在が、重要となる。彼らは、諸関係を抱え込むことが求められ、負担を強いられるが、それをもとに新しいネットワークを生み出す可能性も有する。また国内の諸集団や諸勢力は分立傾向にあるが、他方でそれらが国家を超えた新たな繋がりを持つことも珍しくない。コミュニケーション手段は多様化し、様々な交流が可能である。人の出会いは、興味深い。偶然の接触が、流動的な状況下では、新たな関係を創出させる（弘末二〇一四：一三八―一五八）。そこでは、一〇世紀前半の東インドで見られたように、ジェンダーや宗教を含め人間を取り巻く新たな観念が、生まれることがある。そうした活動が、媒体に支えられ拡大していくと、既存の枠組は変容し始める。

おわりに

東西海洋交易路の要衝に位置した東南アジアは、多様な外来者を含め社会形成してきた。東南アジアの港市は、交易活動を促進するために来訪者に広く門戸を開き、多彩な地域からの商人を抱えた。他方で港市は、外部世界への窓口となることで、地域の結節点となり、産品を集荷するために産地住民と関係を形成した。港市支配者は、外来商人と産地住民の仲介役であった。こうした外来者と地域社会をつなぐ役割を具体的に担ったのが、外来者と家族形成した現地人女性やその子孫であった。彼らは、外来者に現地の習慣や言語を教え、また商業活動を担った。こうして東南アジアに、華人やヨーロッパ人のコミュニティが形成された。そして一九世紀中頃まで、こうした現地人女性やその子孫は、社会統合に欠かせなかったのである。

一九世紀後半以降、ヨーロッパの本国出身者の来航が増え、植民地支配が強まると、ヨーロッパ人と暮らす現地人女性やユーラシアンは、社会で周縁化し始めた。ヨーロッパ勢力と比較的交流の歴史が長かったフィリピンとインドネシアでは、スペイン系メスティーソやユーラシアンが、新たな民族意識を形成し、原住民にも働きかけた。スペイン系メスティーソは、中国系メスティーソや原住民とともにフィリピン人となった。東インドのユーラシアンも、東インドを祖国とみなす東インド人による国家づくりを提唱したが、原住民エリートが台頭するなかで、彼らとの連携に消極的となり、オランダ体制下で地位向上を目指し始めた。華人系住民とも袂を分かったインドネシア民族主義運動は、原住民色を強めた。このため、ヨーロッパ人や華人が原住民女性のニャイを持つことや、原住民男性とヨーロッパ人女性との結婚が、運動において重要なトピックになった。

脱植民地化により、東南アジアの女性の役割は変容した。外来者との交流は相変わらずなされているが、現地人妻妾は社会の表舞台から後退した。またかつてユーラシアンの代表的な居住区であったジャカルタのクマヨラン、スマランのカランビダラ、スラバヤのクランバガンは、彼らの多くがインドネシアを去ったため、今日ではインドネシアの他の町と変わらない。インドネシア人にとって、ユーラシアンやニャイは過去の人となった。

こうした存在が注目されだすのは、グローバル化が進行し、国民統合の行き詰まりが意識されだす一九八〇・九〇年代からである。本書であげた文献の著者J・テイラーやS・アベヤゼーカーらは、オランダ東インド会社時代や一九世紀前半期のバタヴィアの現地生まれのヨーロッパ人やユーラシアンの女性、ニャイさらに女奴隷に着目した。また近世東

図6-1　現在のクマヨラン

南アジアの女性の高い経済的自律性にも、A・リードやB・アンダヤらにより関心が払われた。外来者と暮らしたニャイや女奴隷が、同時に商業活動に関与していたことは、見てきたとおりである。

奴隷は近代植民地体制下で姿を消し、ニャイも独立国家成立後、社会の表舞台から後退した。ともすれば、われわれは外来者と家族形成をした現地人女性の存在を軽視しがちであるが、民族意識を形成するユーラシアンを生み出したのは、彼女らに他ならない。彼女らとその子孫は、近代を導き、その後二者択一のアイデンティティの選択を迫る国民国家の成立とともに、社会の表舞台から姿を消した。彼らは、あくまでも仲介者であった。

地元社会と外来者の双方と関係を持つことは、少なからぬ負荷となった。ただし、そこには当事者だけが享受できる、両者を結びつける自由空間も存在した。

植民地解放闘争により、多くが新生国家を形成した東南アジアにおいて、隷属や服属は打倒されるべき対象であった。ニャイも、インドネシア民族主義運動において植民地支配の犠牲者とされた。民族主義運動は、解放された自由で平等な構成員を基盤とする国民国家樹立を目指していた。しかし、そうして形成された新生国家が前述した諸矛盾を抱えるなかで、前近代から今日に至る内と外の紐帯役や社会統合のあり方を、再考する必要が感じられだした。本書は、その試みの一つとして、外来者と家族形成した現地人女性やその子孫に着目した。植民地体制下で、集団への帰属意識は強まった。ただし、集団間の垣根が高くなればなるほど、仲介役は重要となる。現在でも同様である。服属と自由、接合と分化は、こうした存在にとって、必ずしも対立する別個のものではなく、しばしば表裏の関係にあることに気づかされる。

そうした複合性に着目すると、人と人との多彩な関係が見えてくる。社会の流動性が高まる今日、従来の紐帯からの分離やそれによる孤立化が進行している。他方でそれは、新たな関係を生む契機ともなる。自然や他界との関係さらにＡＩ機器や媒体を含めると、交流のし方は多様になる。人をつなぐ媒介者の役割の重要性が、改めて浮かび上がるのである。

あとがき

研究者の関心にも、時代が反映する。また一人の人間の営みであるため、その問題関心は変化しても、出発点のそれと関連づけようとする。

筆者が東南アジア史研究を志した時は、ベトナム戦争が最終局面を迎えつつあった一九七〇年代前半であった。大国による第三世界への政治的介入に反対する、反帝国主義が熱く語られていたなかで、ベトナム人の南北統一の営みは、人々の関心を引いた。国民国家の形成が、光を放っていた時代とも言える。筆者もそうしたなかで、東南アジアの人々の自律的営為に着目し、この地域で最大の人口を抱えるインドネシアに関心を抱いた。卒業論文から博士論文まで、インドネシアのスラウェシ島やスマトラ島の内陸民の反植民地主義運動を扱った。まわりの研究者も、植民地解放闘争や民族主義運動の検討に、大きなエネルギーを注いでいた。

他方、その東南アジアでは開発独裁が進展し、人々の政治活動が大幅に制限され、また南北統一を達成したベトナムは、国境紛争からカンボジアに侵攻した。国民国家の影の側面も、広く意識されるようになったのだ。国民統合の行き詰まりが意識されてくると、「おわりに」で述べたように、研究者の関心も、国民国家を相対化するために、近世史や海洋交易史さらには社会史に移っていき、筆者も近世スマトラの海洋交易史に関心を移し、内陸社会が海洋交易活動のなかでどのように形成されてくるのか、検討し始めた。そのなかで、内と外がどのように接合されるのか、その交流に関わった存在の重要性を考えさせられるに至った。『東南アジアの港市世界』(岩波書店、二〇〇四年)や『人喰いの社会史』(山川出版社、二〇一四年)などは、その成果である。

同時に筆者は、近世から近現代への変遷を統合的に理解することの重要性を感じるようになった。近代は、他地域と同様に東南アジア社会に大きな変化をもたらした。世界経済や植民地宗主国の影響が強く及び、学校制度や官僚制度が従来の社会秩序を大きく変容させたことは、見てきたとおりである。そのため、前近代と近代、内と外のどちらを重視するのか、研究者もしばしば二項対立に陥る。

この両者を統合的に理解する方法はないものか探っていたところ、東南アジアで前近代から外来者と現地社会を仲介した、現地人女性やその子孫の存在に気づかされ、こうした存在をとおして近現代の東南アジアを見ていくと、通時的な理解が可能になるのではと考え始めた。そして近世の社会統合に関わったニャイやニャイ小説をめぐる先行研究をサーベイしつつ、近代植民地体制下での性モラル向上運動、民族主義運動における「混淆婚」をめぐる議論を検討する作業にとりかかった。本書で見てきたように、植民地支配下のインドネシアでニャイや「混淆婚」は、熱いトピックとなったが、民族主義運動におけるユーラシアンや華人の動向が、こうした議論を白熱させたことに改めて気づかされた。

また近世から近代への移行が統合的にとらえられた時、今後の国民国家に代わる枠組が台頭するときのダイナミズムも視野に入れることができるように思われた。国家間や集団間の垣根が高くなると、仲介役は重要になる。人の出会いは興味深い。東南アジアの民族主義運動の研究で、植民地宗主国の思想と現地社会の価値観を橋渡しする現地人有識者の重要性は、従来から指摘されてきた。同時にその運動家たちを見ていると、彼らに少なからぬ影響を与えたヨーロッパ人が出てくる。本書でも言及した、東インドの神智学協会会長のラッペルトンや社会主義者スネーフリートなどは、そうした存在である。また本書では触れなかったが、筆者が博士論文で展開した北スマトラの反植民地主義運動のイデオロギー形成に、植民地支配者と異なるタイプのヨーロッパ人の出現が、大きな影響を与えた。「変な外人」の登場が、新たな仲間意識を形成する契機になったのである。流動的な状況下では、このようなことは今後も起こりうるであろう。

本書で明らかにしたかったことは、これらの点である。前近代から近現代に至る歴史研究をとおして、自分の出発点を再考することは、時代を生きてきた歴史研究者の欠かせぬ営みとなる。またそれをとおして今後を展望することは、研究者の責務といえよう。なお、こうした研究は様々な人々に支えられ、その方々の問題関心を引き継いでいる。筆者を東南アジア史研究に導いてくださった東京大学文学部の恩師、故永積昭先生、卒論作成時に史料の読み方を教えてくださった奥様の永積洋子先生、故森弘之先生、筆者の問題関心を広げてくれたオーストラリア国立大学大学院時代の指導教官アンソニー・リード先生、永積先生亡き後、指導教官役をしてくださった池端雪浦先生や故桜井由躬雄先生、鈴木恒之先生には、心より感謝申し上げたい。また本書を執筆するにあたって、フィリピン史の菅谷成子先生、ベトナム史の八尾隆生先生と嶋尾稔先生には、貴重なアドヴァイスをいただいた。この場を借りて、厚く御礼申し上げる。

本来この新書は、二〇一八年三月の筆者の立教大学最終講義にご臨席者の方々に、献本させていただく予定であった。しかし、筆者の怠慢から、出版が二〇二二年となった。御出席いただいた方々には、お詫びと御礼を申し上げたい。また最終講義を組織してくださった元同僚の上田信先生には、深く感謝申し上げる。最後に、遅筆な筆者を気長に見守っていただいた筑摩書房の河内卓さんには、心より御礼申し上げたい。

以下、章ごとに一応関係する初出文献をあげる。初出文献の多くは、本書の複数の章にまたがっているが、その中心的テーマに沿ってあげた。なお、かなりの改稿や加筆を施しているため、原型をとどめているのは、ごく一部である。

はじめに　書き下ろし。

第一章　第1節は、書き下ろし。第2節、第3節は『東南アジアの港市世界――地域社会の形成と世界秩序』第一章、岩波書店、二〇〇四年。第4節は『人喰いの社会史――カンニバリズムの語りと異文化共存』第二章の一部と第三章、山川出版社。

第二章　第1節は「女性の神話化――東南アジアの王統記が語る王国の滅亡と女性」『歴史学研究』九五九号、二〇一七年七月。他の節は、書き下ろし。

第三章　第3節は「ラッフルズ――住民の在地支配者への服属を強化した自由主義者」（上田信編『悪の歴史　東アジア編下　南・東南アジア編』清水書院、二〇一八年）。他の節は、書き下ろし。

第四章　第1節〜3節は、「近世国家の終焉と植民地支配の進行」（池端雪浦編『世界各国史六　東南アジアⅡ島嶼部』第四章、山川出版社、一九九九年）。第4節は、書き下ろし。

第五章　第1節、第2節は「近代インドネシアにおける民族主義の展開と「混淆婚」――

ニャイと欧亜混血者の陰」（水井万里子・伏見岳志・太田淳・松井洋子・杉浦未樹編『女性から描く世界史――一七～二〇世紀への新しいアプローチ』第二章、勉誠出版、二〇一六年）。第3節、第4節は、書き下ろし。

おわりに　書き下ろし

参考文献

日本語・中国語文献

アンダーソン，ベネディクト 1997.『増補想像の共同体――ナショナリズムの起源と流行』（白石さや・白石隆訳）NTT 出版.

池端雪浦 1987.『フィリピン革命とカトリシズム』勁草書房.

池端雪浦 1999.『新版世界各国史6　東南アジア史Ⅱ　島嶼部』（池端雪浦編）山川出版社.

石井米雄 1998.「上座仏教と国家形成」岸本美緒編『岩波講座世界歴史13　東アジア・東南アジア伝統社会の形成』岩波書店.

石井米雄 1999.「シャム世界の形成」『新版世界各国史5　東南アジア史Ⅰ　大陸部』（石井米雄・桜井由躬雄編）山川出版社.

石井米雄・桜井由躬雄 1999.『新版世界各国史5　東南アジア史Ⅰ　大陸部』（石井米雄・桜井由躬雄編）山川出版社.

石井米雄・吉川利治 1987.『日・タイ交流六〇〇年史』講談社.

伊東利勝 1999.「帝国ビルマの形成」『新版世界各国史5　東南アジア史Ⅰ　大陸部』（石井米雄・桜井由躬雄編）山川出版社.

伊東利勝・根本敬 1999.「植民地下のビルマ」『新版世界各国史5　東南アジア史Ⅰ　大陸部』（石井米雄・桜井由躬雄編）山川出版社.

伊野憲治 1998.『ビルマ農民大反乱（1930～1932年）――反乱下の農民像』信山社.

イブン・バットゥータ 2001.『大旅行記』6（イブン・ジュザイイ編，家島彦一訳注）平凡社.

岩生成一 1966.『南洋日本町の研究』岩波書店.

岩生成一 1974.『日本の歴史14　鎖国』中央公論新社.

岩生成一 1985.『新版 朱印船貿易史の研究』吉川弘文館.

岩生成一 1987.『続南洋日本町の研究』岩波書店.

遠藤正之 2010.「カンボジア王ラーマーディパティ1世（在位1642～58）のイスラーム改宗とマレー人の交易活動――オラン

ダ東インド会社との関係をとおして」『東南アジア　歴史と文化』39.
小川博 1998.『中国人の南方見聞録――瀛涯勝覧』（小川博編）吉川弘文館.
太田淳 2014.『近世東南アジア世界の変容――グローバル経済とジャワ島地域社会』名古屋大学出版会.
汪大淵 1981.『島夷誌略校釋』（蘇繼廎校釋）中華書局，北京.
柿崎一郎 2007.『物語タイの歴史――微笑みの国の真実』中央公論新社.
カセートシリ，チャーンウィット 2007.『アユタヤ』（吉川利治編訳）タイ国トヨタ財団.
北川香子 1999.「ポスト・アンコール」石井米雄・桜井由躬雄編『新版世界各国史５　東南アジア史Ｉ――大陸部』山川出版社.
倉沢愛子 1992.『日本占領下のジャワ農村の変容』草思社.
倉沢愛子 2002.『「大東亜」戦争を知っていますか』講談社.
小林英夫 1993.『日本軍政下のアジア――「大東亜共栄圏」と軍票』岩波書店.
小林寧子 2008.『インドネシア　展開するイスラーム』名古屋大学出版会.
斎藤照子 2001.「近代への対応――一九世紀王朝ビルマの社会経済変化と改革思想」『岩波講座東南アジア史５　東南アジア世界の再編』（斎藤照子編）岩波書店.
桜井由躬雄 1999.「植民地下のベトナム」『新版世界各国史５　東南アジア史Ｉ　大陸部』（石井米雄・桜井由躬雄編）山川出版社.
桜井由躬雄 2001.「総説」『岩波講座東南アジア史４　東南アジア近世国家群の展開』（桜井由躬雄編）岩波書店.
ザビエル（フランシスコ・ザビエル）1994.『聖フランシスコ・ザビエル全書間』２（河野純徳訳）平凡社.
重松伸司 2019.『マラッカ海峡物語――ペナン島に見る多民族共

生の歴史』集英社.
信夫清三郎 1968.『ラッフルズ伝――イギリス近代的植民政策の形成と東洋社会』平凡社.
嶋尾稔 2001.「タイソン朝の成立」『岩波講座東南アジア史4 東南アジア近世国家群の展開』(桜井由躬雄編) 岩波書店.
周去非 1999『嶺外代答校注』(揚武泉校注) 中華書局.
周達観 1989.『真臘風土記――アンコール期のカンボジア』(和田久徳訳注) 平凡社.
白石隆 2000.『海の帝国――アジアをどう考えるか』中央公論新社.
ショワジ／タシャール 1991.『シャム旅行記』(二宮フサ訳) 岩波書店.
鈴木恒之 1998.「東南アジアの港市国家」岸本美緒編『岩波講座世界歴史13　東アジア・東南アジア伝統社会の形成』岩波書店.
ストーラー, アン・ローラ 2010.『肉体の知識と帝国の権力――人種と植民地支配における親密なるもの』(永渕康之・水谷智・吉田信訳), 以文社.
ソウザ, ルシオ・デ・岡美穂子 2017.『大航海時代の日本人奴隷――アジア・新大陸・ヨーロッパ』中央公論新社.
趙汝适 1940.『諸蕃志校注』(馮承鈞撰) 臺灣商務印書館.
土屋健治 1994.『インドネシア　思想の系譜』勁草書房.
坪井善明 1991.『近代ヴェトナム政治社会史――阮朝嗣徳帝統治下のヴェトナム1847—1883』東京大学出版会.
坪内良博 1986.『東南アジア人口民族誌』勁草書房.
東南アジアを知る事典 2008.『〔新版〕東南アジアを知る事典』(桃木至朗・小川英文・クリスチャン・ダニエルス・深見純生・福岡まどか・見市建・柳澤雅之・吉村真子・渡辺佳成編、石井米雄・高谷好一・立本成文・土屋健治・池端雪浦監修) 平凡社.
土佐林慶太 2017.『二〇世紀前半インドネシアのイスラーム運

動――ミアイとインドネシア・ムスリムの連携』風響社.
永積昭 1980.『インドネシア民族意識の形成』東京大学出版会.
永積昭 2000.『オランダ東インド会社』講談社.
永積洋子 2001.『朱印船』吉川弘文館.
ハウトマン 1981.「ハウトマン指揮による第一次航海の記録」ハウトマン，ファン・ネック『東インド諸島への航海』(渋沢元則訳・生田滋注) 岩波書店.
服部美奈 2001.『インドネシアの近代女子教育――イスラーム改革運動のなかの女性』勁草書房.
早瀬晋三 2003.『海域イスラーム社会の歴史――ミンダナオ・エスノヒストリー』岩波書店.
『パサイ王国物語――最古のマレー歴史文学』2001.(野村亨訳注) 平凡社.
ピガフェッタ (アントニオ・ピガフェッタ) 1965.「マガリャンイス　最初の世界一周航海」『コロンブス，アメリゴ，ガマ，バルボア，マゼラン　航海の記録』(林屋栄吉・野々山ミナコ・長南実・増田義郎訳・注) 岩波書店.
ピレス，トメ 1966.『東方諸国記』(生田滋・池上岑夫・加藤栄一・長岡新治郎訳・注) 岩波書店.
弘末雅士 1999.「第二章　交易の時代と近世国家の成立」『新版世界各国史 6　東南アジア史 II　島嶼部』(池端雪浦編) 山川出版社.
弘末雅士 2003.『東南アジアの建国神話』山川出版社.
弘末雅士 2004.『東南アジアの港市世界――地域社会の形成と世界秩序』岩波書店
弘末雅士 2014.『人喰いの社会史――カンニバリズムの語りと異文化共存』山川出版社.
弘末雅士 2016.「近代インドネシアにおける民族主義の展開と「混淆婚」――ニャイと欧亜混血者の陰」『女性から描く世界史――17〜20世紀への新しいアプローチ』(水井万里子・伏見

岳志・太田淳・松井洋子・杉浦未樹編）勉誠出版.
弘末雅士 2017.「女性の神話化――東南アジアの王統記が語る王国の滅亡と女性」『歴史学研究』No.959.
弘末雅士 2018.「ラッフルズ　住民の在地支配者への服属を強化した自由主義者」『悪の歴史　東アジア編下　南・東南アジア編』（上田信編）清水書院.
深見純生 1996.「1913年のインドネシア――東インド党指導者国外追放の社会的背景」『東南アジア研究』34巻1号（1996年6月）.
藤原利一郎 1986.『東南アジア史の研究』法蔵館.
フリート，ファン 1942.『六昆王　山田長政』，（村上直次郎訳），朝日新聞社.
フリート，ファン 1988a.「シアム王国記」フーンス，フリート，コイエット『オランダ東インド会社と東南アジア』（生田滋訳・注）岩波書店.
フリート，ファン 1988b.「シアム王統記」フーンス，フリート，コイエット『オランダ東インド会社と東南アジア』（生田滋訳・注）岩波書店.
ブリュッセイ，レオナルド 1988.『おてんばコルネリアの闘い――17世紀バタヴィアの日蘭混血女性の生涯』（栗原福也訳）平凡社.
ブルンベルヘル，ペトロス 1939.『オランダ領東インドにおける印欧人の運動』（深見純生訳），『総合研究所紀要』第22巻1号（1996年9月）.
ポーロ，マルコ 1971.『東方見聞録』2（愛宕松男訳注）平凡社.
ポーロ，マルコ 2002.『全訳マルコ・ポーロ東方見聞録――『驚異の書』fr. 2810写本』（月村辰雄・久保田勝一訳）岩波書店.
増田与 1971.『インドネシア現代史』中央公論社.
ムルタトゥーリ 2003.『マックス・ハーフェラール――もしくは

オランダ商事会社のコーヒーの競売』（佐藤弘幸訳）めこん.
モハマッド・ハッタ 1993.『ハッタ回想録』（大谷正彦訳）めこん.
桃木至朗 1999.「新しい歴史—東南アジアとチャンパから」『チャンパ　歴史・末裔・建築』（桃木至朗・樋口英夫・重枝豊）めこん.
モルガ 1966.『フィリピン諸島誌』（神吉敬三訳・箭内健次訳・注）岩波書店.
山口元樹 2018.『インドネシアのイスラーム改革主義運動——アラブ人コミュニティの教育活動と社会統合』慶應義塾大学出版会.
吉川利治 2011.『泰緬鉄道——機密文書が明かすアジア太平洋戦争』雄山閣.
吉田信 2016.「オランダ領東インドにおける婚姻規定の歴史的変遷—本国婚姻規定との関連において」『女性から描く世界史——17～20世紀への新しいアプローチ』（水井万里子・伏見岳志・太田淳・松井洋子・杉浦未樹編）勉誠出版.
早稲田大学大隈記念社会科学研究所編 1959.『インドネシアにおける日本軍政の研究』紀伊國屋書店.
渡辺佳成 2001.「コンバウン朝ビルマと「近代」世界」『岩波講座東南アジア史5　東南アジア世界の再編』（斎藤照子編）岩波書店.

欧文・インドネシア語（マレー語）文献

Abalahin, A. J. 2003. "Prostitution Policy and the Project of Modernity: A Comparative Study of Colonial Indonesia and the Philippines, 1850–1940", Ph.D. dissertation, Cornell University.
Abeyasekere, S. 1983. "Slaves in Batavia: Insights from a Slave Register", in Anthony Reid ed., *Slavery, Bondage and Dependency in Southeast Asia*, University Queensland Press, St Lucia, London

and New York.

Abeyasekere, S. 1987. *Jakarta A History*, Oxford University Press, Singapore, Oxford and New York.

Adam, A. B. 1995. *The Vernacular Press and the Emergence of Modern Indonesian Consciousness (1855–1913)*, Cornell University, Ithaca (New York).

Andaya, B. W. and Andaya L. Y. 1982. *A History of Malaysia*, Macmillan Asian Histories Series, London and Basingstoke.

Andaya, B. W. and Andaya, L. 2015. *A History of Early Modern Southeast Asia, 1400-1830*, Cambridge University Press, Cambridge.

Andaya, B. W. 1993. *To Live as Brothers: Southeast Sumatran in the Seventeenth and Eighteenth Centuries*, University of Hawaii Press, Honolulu.

Andaya, B. W. 1997. "Adapting to Political and Economic Change: Palembang in the Late Eighteenth and Early Nineteenth Centuries", in Anthony Reid ed., *The Last Stand of Asian Autonomies: Responses to Modernity in the Diverse States of Southeast Asia and Korea, 1750-1990*, Macmillan Press LTD and St. Martin's Press, INC., Basingstoke, London and New York.

Andaya, B. W. 2006. *The Flaming Womb: Repositioning Women in Early Modern Southeast Asia*, University of Hawai'i, Honolulu.

Anderson, J. 1826. *Mission to the East Coast of Sumatra in 1823*, (Reprinted, 1971), Oxford University Press, Kuala Lumpur, Singapore, London and New York.

Anderson, B. R. O' G. 1972. "The Idea of Power in Javanese Culture", in C. Holt ed., *Culture and Politics in Indonesia*, Cornell University Press, Ithaca and London.

Aveling, H. ed. 1980. *The Development of Indonesian Society*, St. Martin's Press, New York.

Baay, R. 2010. *Portret van een oermoeder: Beelden van de njai in Nederlands-Indië,* Athenaeum–Polak & Van Gennep, Amsterdam.

Babad 1941. *Babad Tanah Djawi*, trans. by W. L. Olthof, Foris Publications, Dortrecht and Providence.

Benda, H. J. 1958. *The Crescent and the Rising Sun: Indonesian Islam under the Japanese Occupation 1942–1945*, W. van Hoeve LTD., The Hague and Bandung.

Bintang Hindia 1925a. "Boemipoetera beristerikan Belanda?", no.7.

Bintang Hindia 1925b. "Boemipoetera beristerikan Belanda?", no.8.

Blair, E. H. and Robertson, J. A. ed., 1903–09. *The Philippine Islands, 1493–1898*, 55 vols, Arthur H. Clark, Cleveland.

Blumberger, J. Th. P. 1931. *De nationalistische beweging in Nederlandsch-Indië,* (2nd ed., 1987), Foris Publications, Dordrecht and Providence.

Blussé, L. 1988. *Strange Company: Chinese Settlers, Mestizo Women and the Dutch in VOC Batavia*, Foris Publications, Dordrecht and Providence.

Bosma, U. and Raben, R. 2008. *Being "Dutch" in the Indies: A History of Creolisation and Empire, 1500–1920*, Ohio University Press, Athens.

Boxer, C. R. 1969. "A Note on Portuguese Reactions to the Revival of the Red Sea Spice Trade and the Rise of Atjeh, 1540–1600", *Journal of Southeast Asian History*, vol.5.

Brown, C. C. ed. 1970. *Sejarah Melayu or Malay Annals*, Kuala Lumpur, London, New York and Melbourne.

Carey, P. ed. 1992. *The British in Java 1811–1816: A Javanese Account*, Oxford University Press, Oxford, New York and Toronto.

Chijs, J. M. A. van der ed. 1902. *Dagh-Register gehouden int Casteel Batavia vant passerende daer ter plaatse als over geheel Nederlandts-India, 1674*, Batavia and The Hague.

Cohen, M. I. 2006. *The Komedie Stamboel: Popular Theater in Colonial Indonesia, 1891–1903*, KITLV Press, Leiden.

Conferentie 1937. "Conferentie met vertegenwoordigsters van verschillende en groepen van vrouwen, over de "Ontwerp–Regeling van een ingeschreven huwelijk voor hen, wier huwelijksrecht niet bij algemeene verordening is vastgesteld", op Zondag 6 Juni 1937 ten huize van den Adviseur voor Inl. Zaken, Salembalaan no.4", in Verbaal 22/12/1937/no.18, Nationaal Archief, The Hague.

Darmo Kondo 1919. "Nikah tjampoeran", January 4.

Dampier, W. 1931. *Voyages and Discoveries*, Argonaut Press, London.

Deli–Batavia Maatschappij 1925. *Deli-Batavia Maatschappij 1875-1925*, L. van Leer & Co., Amsterdam.

Dukut Imam Widodo 2010. *Soerabaia in the Olden Days*, Dukut Publishing, Surabaya.

Foreest, J. H. A. van and Booy, A. de 1980. *De vierde schipvaart der Nederlanders naar Oost-Indië onder Jacob Wilkens en Jacob van Neck (1599–1604)*, Martinus Nijhoff, The Hague.

Francis, G. 1896. *Tjerita Njai Dasima*, Batavia.

Hägerdal, H. 2010. "Cannibals and Pedlars: Economic Opportunities and Political Alliance in Alor, 1600–1850", *Indonesia and the Malay World*, vol.38, no.111.

Hall, D. G. E. 1981. *A History of South-East Asia*, Fourth Edition, Macmillan, Basingstoke and London.

Hamilton, A. 1930. *A New Account of the East Indies*, vol.2, Argonaut Press, London.

Harris, J. ed. 1744. *Navigantium atque Itinerantium Bibliotheca: A Complete Collection of Voyages and Travels*, London.

Heidhues, M. S. 2003. *Golddiggers, Farmers, and Traders in the "Chineser Districts" of West Kalimantan, Indonesia*, Cornell University, Ithaca.

Heuken, A. SJ. 2000. *Historical Sites of Jakarta*, Cipta Loka Caraka, Jakarta.

Hill, K. 2006. "Strangers in a Foreign Land: Vietnamese Soldiers and Workers in France during World War I" in Nhung Tuyet Tran and Anthony Reid eds., *Việt Nam Borderless Histories*, University of Wisconsin Press, Wisconsin.

Hirth, F. / Rockhill, W. W. eds., 1911. *Chau Ju-Kua: his Work on the Chinese and Arab Trade in the Twelfth and Thirteenth Centuries, Entitled Chu-fan-chï*, Imperial Academy of Sciences, St. Petersburg.

Hugo, G. 2002. "Women's International Labour Migration" in K. Robinson and S. Bessell eds., *Women in Indonesia: Gender, Equity and Development*, Institue of Southeast Asian Studies, Singapore.

Ijzerman, J. W. 1926. *De reis om de wereld door Olivier van Noort 1598-1601*, vol.1, Nijhoff for Linschoten–Vereeniging, The Hague.

Ileto, R. C. 1979. *Pasyon and Revolution: Popular Movements in the Philippines, 1840–1910*, Ateneo de Manila University Press, Quezon City.

Indisch Verslag 1932, 1934, 1937, 1939, 1941, Landsdrukkerij, Batavia.

Jones, E. A. 2010. *Wives, Slaves, and Concubines: A History of the Female Underclass in Dutch Asia*, Northern Illinois University Press, DeKalb.

Jones, R. ed. 1987. *Hikayat Raja Pasai*, Penerbit Fajar Bakti SDN. BHD., Petaling Jaya.

Jong, L. de 2002. *The Collapse of a Colonial Society: The Dutch in Indonesia during the Second World War*, KITLV Press, Leiden.

"Kannibalisme" 1918. in *Encyclopaedie van Nederlandsch-Indië*, vol.2, Martinus Nijhoff and N. V. v/h. E. J. Brill, The Hague and Leiden.

Kathirithamby–Wells, J. & Villiers, J. ed. 1990 *The Southeast Asian Port and Polity: Rise and Demise*, Singapore University Press, Singapore.

Kommer, H. 1900. *Tjerita Nji Paina*, A. VEIT & Co., Batavia.

Lieberman, V. 2003. *Strange Parallels : Southeast Asia in Global Context, c. 800–1830, vol.1 : Integration on the Mainland*, Cambridge University Press, Cambridge, New York, Port Melbourne, Madrid and Cape Town.

Locher–Scholten, E. 2000. *Women and the Colonial State: Essays on Gender and Modernity in the Netherlands Indies 1900–1942*, Amsterdam University Press, Amsterdam.

Loubère, S. de la 1969. *The Kingdom of Siam*, Oxford University Press Singapore, Oxford and New York.

Marle, A. van 1951–52. "De groep der Europeanen in Nederlands–Indië, iets over ontstaan en groei", *Indonesië*, 5.

Matahari 1924. "Nji Anah bebas", March 10.

McVey, R. T. 1965. *The Rise of Indonesian Communism*, Cornell University, Cornell University Press, Ithaca, New York.

Meijer, H. 1995. "'Een hemeltergende toestand'. De maatschappelijke positie van Indische Nederlanders in Indonesië, 1950–1957", in W. Willems and J. de Moor eds., *Het eind van Indië: Indische Nederlanders tijdens de Japanse bezetting en de dekolonisatie*, Sdu Uitgeverij Koninginnegracht, The Hague.

Ming, H. 1983. "Barracks–Concubinage in the Indies, 1887–1920", *Indonesia*, no.35.

Moehammad Hasan, T. 1937. *Ontwerp-ordonnantie op de ingeschreven huwelijken*, Buitenzorgsche Drukkerij, Buitenzorg.

Muller, H. P. N. ed. 1917. *De Oost-Indische Compagnie in Cambodja en Laos: Verzameling van bescheiden van 1636 tot 1670*, Martinus Nijhoff, The Hague.

Nagazumi, A. 1972. *The Dawn of Indonesian Nationalism: The Early Years of the Budi Utomo, 1908–1918*, Institute of Developing Economies, Tokyo.

Navarrete, D. 1960. *The Travels and Controversies of Friar Domingo Navarrete, 1618–1686*, Hakluyt Society, Cambridge.

Nederburgh, J. A. 1899. *Wetgeving voor Nederlandsch-Indië*, G. Kolff & Co. Batavia.

Neratja [1923] "Perkara hoekoeman mati dan Goendik", January 29, no.20.

Nicolò de' Conti 1857. "The Travels of Nicolò Conti, in the East", in *India in Early Part of the Fifteenth Century*, edited by R. H. Major, Hakluyt Society, London.

Nieuwenhuys, R. 1982. *Komen en blijven Tempo doeloe: Een verzonken wereld Fotografische documenten uit het oude Indië 1870–1920*, E. M. Querido's Uitgeverij B. V., Amsterdam.

Oetoesan Hindia 1919. "Pertjampoeran Darah", January 8.

Olivier, J. 1827. *Aanteekeningen Gehouden op een Reize in Oost Indie*, Amsterdam.

Ong-Tae-Hae（王大海）1849. *The Chinaman Abroad: A Desultory Account of the Malayan Archipelago, Particularly of Java*, The Mission Press, Shanghai.

Ontwerp–Regeling 1937. "Ontwerp–Regeling van een monogaam huwelijk voor hen, wier huwelijksrecht niet bij algemeene veror-

dening is vastgesteld", Verbaal 22/12/1937/no.18, Nationaal Archief, The Hague.

Pahlawan 1923. "Landraad Bandoeng", January 21.

Pandji Islam 1937. "Ordonansi perkawinan bertjatet", no.23, August 15.

Pemberita Betawi 1912a. "Pertimbangan", November 20.

Pemberita Betawi 1912b. "Nasib perampoean Boemipoetra", 7 Dec., 9 Dec., 10 Dec. and 12 Dec.

Pemberita Betawi 1912c. "Membatja", December 20.

Pemberita Betawi 1913a. "Nasib perampoean Boemipoetra", January 3.

Pemberita Betawi 1913b. "Nasib perampoean Boemipoetra", January 21.

Penerangan Islam 1928. "Poeteri Indonesia, Awas!", no.6

Perempoean Bergerak 1919. "Kawin dengan lain bangsa", December 16.

"The Piracy" 1850. "The Piracy and Slave Trade of the Indian Archipelago", *The Journal of the Indian Archipelago and Eastern Asia*, vol.3, 1849, and vol.4, 1850.

Pombejra, Dhiravat Na 2000. "VOC Employees and their Relationships with Mon and Siamese Women: A Case Study of Osoet Pegua", in B. W. Andaya ed., *Other Pasts: Women, Gender and History in Early Modern Southeast Asia*, University of Hawai'i at Mânoa, Honolulu.

Purbos. Suwondo 1996. *PETA: Tentara Sukarela Pembela Tanah Air di Jawa dan Sumatera 1942-1945*, Pustaka Sinar Harapan, Jakarta.

Raben, R. ed. 1999. *Representing the Japanese Occupation of Indonesia*, Waanders Publishers and Netherlands Institute for War Documentation, Zwolle and Amsterdam.

Raffles, T. S. 1988. *The History of Java: Complete Text*, vol.2, Oxford University Press, Kuala Lumpur, Oxford, Singapore and New York.
Rapport 1903. *Rapport der Pauperisme-Commissie, ingesteld bij artikel 2 van het Regeeringsbesluit van 29 Juni 1902 N°.9*, Landsdrukkerij, Batavia.
Reid, A. 1988. *Southeast Asia in the Age of Commerce 1450–1680, Vol.1: The Lands below the Winds,* Yale University Press, New Haven and London.
Reid, A. 1993. *Southeast Asia in the Age of Commerce 1450–1680, Vol.2: Expansion and Crisis,* Yale University Press, New Haven and London.
Reid, A. 2015. *A History of Southeast Asia: Critical Crossroads*, Wiley Blackwell, Chichester.
Ricklefs, M. C. 1974. *Jogjakarta under Sultan Mangkubumi 1749–1792: A History of the Division of Java*, Oxford University Press, London, New York, Toronto and Kuala Lumpur.
Ricklefs, M. C. 1981. *A History of Modern Indonesia: c.1300 to the Present*, Macmillan Asian Histories Series, London and Basingstoke.
Robson. S. O. 1981. "Java at the Crossroads: Aspects of Javanese Cultural History in the 14th and 15th Centuries", *Bijdragen tot de Taal-, Land- en Volkenkunde*, vol.137.
Rouffaer, G. P. and Ijzerman eds. 1915. *De eerste schipvaart der Nederlanders naar Oost-Indië onder Cornelis de Houtman 1595-1597*, vol.1, Nijhoff for Linschoten–Vereeniging, The Hague.
Schadee, W. H. M. 1918. *Geschiedenis van Sumatra's Oostkust*, vol.1, Oostkust van Sumatra–Instituut, Ansterdam.
Schenkhuizen, M. 1993. *Memoirs of an Indo Woman: Twentieth-Century Life in the East Indies and Abroad*, Ohio University, Ath-

ens, Ohio.

Schumacher, J. N. S. J. 1972. *Father Jose Burgos: Priest and Nationalist,* Ateneo University Press, Manila.

Shiraishi, T. 1990. *An Age in Motion: Popular Radicalism in Java, 1912–1926*, Cornell University Press, Ithaca and London.

Sinar Hindia 1919. "Sabar doeloe", March 11.

Soeara Indonesia 1931. "Perkawinan Barat dan Timoer", January 29.

Sutherland, H. 1979. *The Making of a Bureaucratic Elite: The Colonial Transformation of the Javanese Priyayi*, Heinemann Educational Books (Asia) Ltd., Singapore Kuala Lumpur and Hong Kong.

Tate, D. J. M. 1979. *The Making of Modern South-East Asia, Volume 2: Economic and Social Change,* Oxford University Press, Kuala Lumpur, Oxford, New York and Melbourne.

Taylor, J. G. 1983. *The Social World of Batavia: European and Eurasian in Dutch Asia*, Madison, Wisconsin.

Termorshuizen, G. 2011. *Realisten en reactionairen : Een geschiedenis van de Indisch-Nederlandse pers* 1905–1942, Nijgh & Van Ditmar and KITLV, Amsterdam and Leiden.

Thorn, M. W. 1815. *The Conquest of Java: Nineteenth-century Java Seen through the Eyes of a Soldiers of the British Empire,* (Reprinted, 2004), Periplus Editions (HK) Ltd, Hong Kong and Singapore.

Tjipto Mangoenkoesoemo 1913. "Sarikat Islam tegen de Prostitutie: Bron van verontwaarding", *De Expres*, 7 June.

Trocki, C. A. 1979. *Prince of Pirates: The Temenggongs and the Development of Johor and Singapore 1784–1885*, Singapore University Press, Singapore.

Trocki, C. A. 1990. *Opium and Empire: Chinese Society in Colonial*

Singapore, 1800-1910, Cornell University Press, Ithaca and London.

Tsuchiya, K. 1991. "Popular Literature and Colonial Society in Late–Nineteenth Century–*Cerita Nyai Dasima*, the Macabre Story of an Englishman's Concubine", *Southeast Asian Studies*, vol.28, no.4.

Turnbull, C. M. 1972. *The Straits Settlements 1826–67: Indian Presidency to Crown Colony*, The Athlone Press, University of London, London.

Veur, P. W. van der 2006. *The Lion and the Gadfly: Dutch Colonialism and the Spirit of E. F. E. Douwes Dekker*, KITLV Press, Leiden.

Volkstelling 1930 VI 1933. *Volkstelling 1930 Deel VI: Europeanen in Nederlandsch-Indië*, Landsdrukkerij, Batavia.

Volkstelling 1930 VII 1935. *Volkstelling 1930 Deel VII: Chineezen en Andere Vreemde Oosterlingen in Nederlandsch-Indië*, Landsdrukkerij, Batavia.

Warren, J. F. 1981. *The Sulu Zone, 1768–1898*, Singapore University Press, Singapore.

White, S. 2004. "The Case of Nyi Anah: Concubinage, Marriage and Reformist Islam in the Late Colonial Dutch East Indies", *Review of Indonesian and Malaysian Affairs*, vol.38, no.1.

Wiggers, F. 1903. *Njai Isah*, Batavia

ちくま新書
1653

海《うみ》の東南《とうなん》アジア史《し》
——港市《こうし》・女性《じょせい》・外来者《がいらいしゃ》

二〇二二年五月一〇日 第一刷発行

著　者　弘末雅士（ひろすえ・まさし）
発行者　喜入冬子
発行所　株式会社 筑摩書房
東京都台東区蔵前二-五-三 郵便番号一一一-八七五五
電話番号〇三-五六八七-二六〇一（代表）
装幀者　間村俊一
印刷・製本　三松堂印刷 株式会社

ISBN978-4-480-07478-2 C0222

ちくま新書

888
世界史をつくった海賊
竹田いさみ
スパイス、コーヒー、茶、砂糖、奴隷……歴史の陰には、常に奴らがいた。開拓の英雄であり、略奪者で厄介者でもあった〝国家の暴力装置〟から、世界史を捉えなおす！

994
やりなおし高校世界史
――考えるための入試問題8問
津野田興一
世界史は暗記科目なんかじゃない！　大学入試を手掛かりに、自分の頭で歴史を読み解けば、現在とのつながりが見えてくる。高校時代、世界史が苦手だった人、必読。

1082
第一次世界大戦
木村靖二
第一次世界大戦こそは、国際体制の変化、女性の社会進出、福祉国家化などをもたらした現代史の画期である。戦史的経過と社会的変遷の両面からたどる入門書。

1177
カストロとフランコ
――冷戦期外交の舞台裏
細田晴子
キューバ社会主義革命の英雄と、スペイン反革命の指導者。二人の「独裁者」の密かなつながりとは何か。未開拓の外交史料を駆使して冷戦下の国際政治の真相に迫る。

1255
縄文とケルト
――辺境の比較考古学
松木武彦
新石器時代、大陸の両端にある日本とイギリスは独自の非文明型の社会へと発展していく。二国を比較することでわかるこの国の成り立ちとは？　驚き満載の考古学！

1347
太平洋戦争　日本語諜報戦
――言語官の活躍と試練
武田珂代子
太平洋戦争で活躍した連合国軍の言語官。収容所から集められた日系二世の葛藤、養成の違いに見る米英豪加の各国軍事情……。語学兵の実像と諜報戦の舞台裏。

1636
ものがたり戦後史
――「歴史総合」入門講義
富田武
既成の教科書にはない歴史研究の最新知見を盛り込みつつ、日本史と世界史を融合。二〇二二年四月から高校で始まる新科目「歴史総合」を学ぶための最良の参考書。